平成日本歩き録

入会と環境保全

中尾英俊

海鳥社

挿画＝村田由美子

平成日本歩き録

入会と環境保全

中尾英俊

海鳥社

挿画＝村田由美子

はしがき

私は大東亜戦争の末期約一年間、在学中のまま海軍軍人として服務、終戦後、大学法学部で法社会学を学びました。法社会学とは、法というものが単に規定としてではなく社会の実態の中でどのように存在しているか、動いているのかを研究する学問分野です。当時、新しい憲法の施行に伴い多くの法律が改廃、制定され、変動の激しい時期でしたから、法律の規定と社会の実態とがそぐわないことが多く、それだけに社会の、そして法の実態を知ることが必要でした。

大学の教師となってからも、この研究を続けました。私の専門分野は家族、土地、集落で、主として農山村が対象でしたから、現地を訪れて、そこで学ぶことが必要です。そのため全国各地を訪れ、見聞をひろめるよう努力しました。各地を訪れたのはほとんどが、他の大学で専攻を同じくするほぼ同年の教授の方々や、私が担当するゼミナールの院生、学生と一緒でした。

平成七年、私は大学を定年退職。その機会に、これまで学んだ各地での調査記録を整理し、旅行記風に一冊の書物にまとめ『村からのたより』として上梓致しました。この『村からのたより』の約八〇話の中に、「村での裁判」の章で一〇件ほどの裁判を取上げておりますが、これは村の中での争いではなくて、村の人々の共有地、入会地の開発をめぐる権利の所在などについての争いによるもので、他にも四、五件取上げております。

共有地、入会地をめぐる裁判は昭和四〇年ごろから見られます。当初は入会地開発を進めるための裁判でしたが、昭和六〇年ごろから平成年間になると、むしろ開発反対のための裁判が多くなりました。正しくは住民の生活や周囲の環境に悪化をもたらすような開発行為に反対する、いわゆる環境保持のための裁判です。

教授退職後も当然この研究を続けました。そして弁護士登録をして、いくつかの入会地裁判にも参加、担当してきました。

いま、よわい八八歳を迎えるにあたり、一応の区切りをつけようと、大学退職後に訪れた約四〇か所の記録をまとめて『平成日本歩き録』（或る記録）とし、ここに上梓することにしました。内容は『村からのたより』と同様に、懐古的趣味や民俗学的関心からの見聞録が多いのですが、入会地の裁判に関する記録が一五件近くあります。その性質上、多少理屈が多くなって恐縮ですが、これも環境保全のためと思って御了承ください。

これからも環境の悪化を防ぐ砦としての入会地（権）の研究を続けてゆきたいと念じております。

なお、本書は文字通り平成年代の日本歩きの記録ですが、『村からのたより』に掲載できなかった昭和年代の記録とその平成時代の後日記、また『村からのたより』に掲載した「村」への平成年代の再訪記をその後日譚として収録しました。

本書の刊行にあたり、各地の方々から多大な御協力を頂きました。お名前を掲げた方々はもとより、それ以外の方々に対して、ここにあつく御礼申上げます。そして『村からのたより』刊行以来御協力頂いた遠藤美香さんに引き続き一方ならぬお世話になりました。また、海鳥社の田島卓氏には細かい点に至るまで御配慮を頂きました。いま重ねて御礼申上げます。

中尾　英俊

平成二四年九月

目次

村からのたより　後日譚

昭和の記録——そして後日記

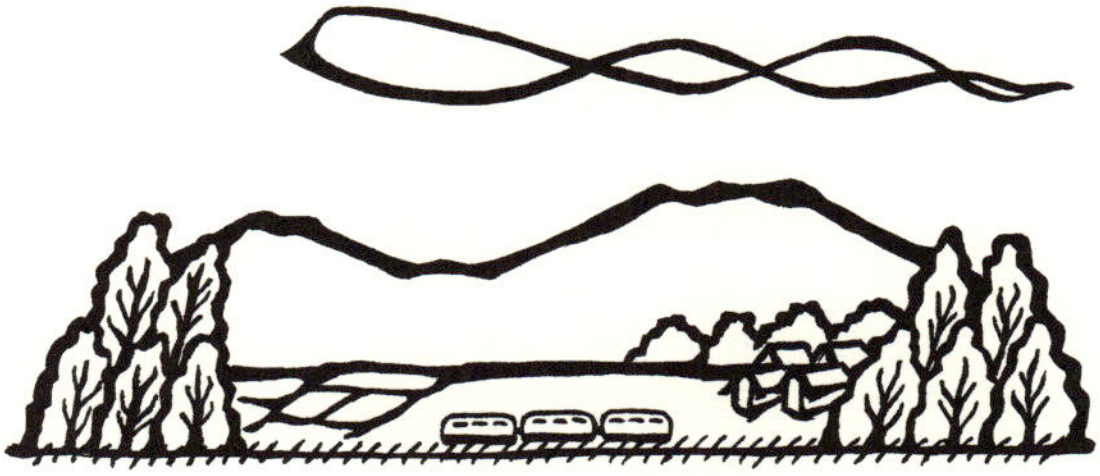

日本最北の地――九人の乙女とさようなら　北海道稚内市

昭和三九年九月

日本最北の地、稚内《わっかない》を訪れた。時期は九月末だが、ここに着くまで列車の左右の車窓は、いかにも寂寞《せきばく》とした、〝さいはて〟という感じのする風景であったが、右側に一条の線路が近寄ってくると町並みに近づき、南稚内駅に列車は停車する。ここは昔、「稚内」という駅であったが、列車はそれから二、四分町並みを走って、いまの「稚内駅」に着く。昔は「稚内港」という駅で、いま、わが国の鉄路の最北端である。

この駅から海岸沿いに北に行くと、全長五〇〇メートルもあろうかと思われるドーム式防波堤がある。いまは散歩道になっているが、かつて（戦前）ここからサハリンのコルサコフ（当時は樺太《カラフト》の大泊港）まで連絡船が就航していた。その当時は、もとより鉄路はそこまで延びており、終点「稚内桟橋」という名の駅があって、船車乗換の客や貨物を取扱っていた。

稚内駅前からバスで街の東にある宗谷岬《そうや》へと向かう。市街地を抜け宗谷湾沿いに東の方へ走る。今日は見晴らしは悪くないが風が強く、海岸には白い波が押寄せている。一時間ほどで宗谷岬に着く。バス停を降りるとすぐ目の前が宗谷岬で、岬の突端に碑が立っている。「日本最北端の地」とあり、その碑

▲「九人の乙女」の碑

「日本最北端の地」の碑▶

の傍らに立って近くの人に写真を撮ってもらう。北緯四五度三一分だそうで、はるか向こうに見える陸地は昔のカラフト、いまのサハリンで、約四〇キロメートル先である。私にとっては未知の土地であるためか、残念ながら余り感懐がない。しかし、ともかく日本最北の地に足跡を記したという満足感を胸に、再びバスで市街地へと向かう。

市街地の西、小高い丘の上に、空を突きさすような一対の石碑が立っている。これが「氷雪の門」で、カラフトからの帰国者が、望郷の念止み難く現地で亡くなった多くの人々の霊を慰めるため、そしておそらくは帰らぬカラフトへの望郷の念も含めて、昨年建てられた、ということである。宗谷岬では感ずることのなかった、人々の望郷の念は、改めてここで受取ることができた。

この氷雪の門のすぐ隣に「九人の乙女」の碑がある。

「九人の乙女」とは、終戦直後の昭和二〇年八月二〇日、カラフトの真岡郵便局に勤務する電話交換手であった九人の乙女のことで、内地あての「皆さん、これが最後です。さようなら、さようなら」という電信を最後に、みな自決したというのである。その日、ソ連兵がカラフト西海岸に上陸、真岡の町でも銃撃を始めたため町民は自らを守るのが大変であったが、この乙女たちはソ連兵の凌辱を受けないよう自らの命を絶った。当時の日本人の気持ちとしては止むをえなかったかもしれないが、悲壮きわまりないと言わざるをえない。この乙女たちの自決はいわゆる集団自殺ではなく、各自個々に服毒したとのこと。「その職場は女子職員ばかりだったそうで、もしそこに男子職員が一人か二人でもいたら、乙女たち全員が死ぬことはなかったのではないでしょうか」という管理者の方の説明を聞くと、なおさらその思いがつのる。この九名はみな二〇歳前後、当時の私とほぼ同年齢である。なぜ死を選んだのか。そして私の胸にこたえたのは、この「さようなら」ということばと、九人であったということだ。

大東亜戦争が始まった昭和一六年一二月八日、開戦の報と同時にハワイ真珠湾の戦果が報ぜられた。そして決死の覚悟で真珠湾中に潜航して戦果をあげ戦死した九人の特殊潜航艇の勇士の壮挙も大々的に報ぜられたが、当時中学生だった私は、生還の可能性がきわめて少ないなか敵中攻撃したこの九人の勇士（みな二〇歳代の青年）に、深く尊敬の念を抱いていた。もっとも、後にこの真珠湾の戦果の大部分は航空隊によるものだと知ったし、また敵中突入した五隻で九名というのもいささか疑問を抱いたが、九人の勇士に対する尊敬の念は変わらなかった。そして昭和一九年、海軍予備学生となった私は一〇か月の訓練ののち特殊潜航艇艇長候補者を命ぜられた。幸か不幸か十分に訓練を受ける時間もなく終戦を迎え、生命を落とさずにすんだ。しかし、大先輩である九人の勇士は開戦初頭の犠牲者といってよく、尊敬の念は変わらない。

私にとって大東亜戦争は九人の青年勇士に始まり、九人の乙女（の犠牲）で終わったということが、この稚内紀行で強く胸に刻まれた。

後日記　　平成一八年一〇月

北海道にはその後数回訪れたが、北の最果ての地に足を踏み入れることはなかった。今回、約四〇年ぶりに道北稚内を訪れた。札幌から列車で行ったが、道央と稚内を結ぶ路線は、以前二線以上あったものを、国の地方切捨て政策によっていまの宗谷線一本となった。時、一〇月の末、日も暮れた夕刻六時すぎ稚内駅に着き、いささか冷気を感ずる中、駅の近く、その名も北国にふさわしい「氷雪荘」に宿をとった。

翌日、まずバスで再び宗谷岬を訪れる。最北端の碑の近くに間宮林蔵の像が立っており、売店もあって整備されている感じである。日本最北の売店で記念のお土産を買い、市街地へと戻る。

稚内市は東は海岸、西は一〇〇メートルくらいの丘陵地で南北に細長く、稚内駅のすぐ西の丘の上が稚内公園地になっている。その中腹に、北門神社という文字通り国内最北の地の神社が鎮座する。明治二九年にこの地に神殿が落成したとのことである。その公園の丘の上にあるのが「氷雪の門」であり、「九人の乙女」の碑だ。

改めて乙女の碑に向かうと、その石に電話交換手姿の乙女の像が刻まれ、左にはその九人の名前、そしてその中央に「皆さんこれが最後です。さようなら　さようなら」という文字が刻まれている。この

「さようなら」は二度と会うことのできない別れの言葉である。したがって、中国語の「再見」でも、ドイツ語の「auf wiedersehen」でも、フランス語の「au revoir」でもない。これらはみな文字通り、「また会いましょう」の意味だ。また英語の「good bye」でもない。この「さようなら」は、これらの外国語に何と訳せばよいのだろうか。

昼食のため入った店でたまたま相席となった、私と余り変わらぬ年輩の男の客にカラフト航路のことを尋ねると、二、三答えてくれたあと、

「連絡船があれば、稚内はカラフトへの海の玄関口としてどれくらい発展していたことか。その連絡船とカラフト引き揚げとは切っても切れない縁でね。あの当時、肉親と別れ別れになって、つらい思いをした人が何人いたかしれない。それもこれも戦争のせい。〝北方領土〟は根室だけの問題じゃない。ここにも、もう一つの〝北方領土〟があるのだ」

といった言葉に、「さようなら」とともに深く考えさせられた。

終点まで行くバス　島根県八束郡玉湯町（現松江市）

昭和三八年四月

「松江は中国山地の北側で、とくに冬は天気の悪い日が多いから山陰と呼ぶのはよいとしても、裏日本と呼ばれるのは不本意だ。この出雲地方は、日本で一番早くひらけた土地ではないですか」

それはそのとおりだ。それに対する私の意見……

「その通り、日本は古くからアジア大陸とくに朝鮮半島との交流を続けてきたので、日本海が当然表日本だったし、江戸時代だって北前船といって海の表通りだった。だから当然、日本海側が表日本だったが、いま東京を中心とする日本がアメリカを向いているから向こう側が表日本といっているのだと思いますがね」

松江市は西に宍道湖《しんじ》、東に中海、西から東へ流れる大橋川をはさんで、水の都と呼ばれる美しい町だ。そのすぐ西に玉造《たまつくり》という由緒ある温泉があり、一夜の宿を求めた。

国鉄松江駅から山陰線で宍道湖沿い西に二つ目の玉造温泉駅で下車する。この駅は戦後しばらくの間、湯町《ゆまち》という駅名であった。次の三つ目の駅が来待《きまち》で、以前は「ゆまち」、「きまち」と何か情緒を感じられる駅名であった。ここの町名はいま玉湯町である。駅から宍道湖方面に歩いて一〇分ほどで湖畔にある千鳥荘に着く。この千鳥荘は湖に突き出した小さな半島状の突端の位置にあるが、この一帯は温泉街という感じはない。

日は暮れ、この千鳥荘から見る夜の宍道湖は何ともいえぬ風情がある。真正面に見えるのが反対側(島根半島)の湖畔に点々と連なる民家の灯りで、右手には松江市街の照明とその手前に浮かぶ嫁ケ島の灯台。

ところで、この美しい湖畔の宿の湯は引き湯である。本来の玉造温泉は、駅の南側、ここから約一キロメートル余りの地にあり、そこが温泉街で、「玉造」の由来である「玉」の産地もその近くだそうである。ともかく本来の温泉街を見ておこうと、同行の小林三衞茨城大教授と二人で、浴衣姿といいたいが、どてら姿で出かけることにした。

千鳥荘を出て温泉駅の近くからバスに乗る。バスに乗るのにどてら姿とは、とも思われるが、温泉街の、それも宵の口ならではのことである。バスに乗ったはよいが、さてこのバスはどこまで行くのか、温泉まで行くのか。そこで運転士に尋ねた。

「このバスはどこまで行きますか」

「はい、終点まで行きます」

「はあ?」

▲玉作湯神社の出雲玉作跡出土品収蔵庫

玉造温泉の泉源▶

両名、顔を合わせて唖然。こちらはこのバスの終点はどこか、と聞いているのに、終点は終点です、では禅問答にもなりかねない。しかし、終点より先に行くバスというものはない。大して遠いところでもなさそうだから、ともかく終点まで乗ることにした。

明るい灯が左右に見え、温泉街に入ったと思ったところ、まもなく「ここが終点です」と言われてバスを降りた。下車したところにバス停標識が立っており、「終点」と書いてある。なるほど、この「終点」はバス停の名称なのであろう。そして「終点」の名にふさわしく、ここは温泉街のほぼ南の端にある。

この「終点」から北に流れる玉湯川の両岸に温泉街がある。この玉造温泉は古く『出雲国風土記』に「忌部《いんべ》の神戸《かんべ》」として次のように書かれている。

「川の辺に出湯あり。出湯の在る所、仍《よ》りて男女老いたるも若きも……一たび濯《あら》ふときは形容端正に、再び浴すれば萬の病悉《ことごと》くに除く。古くより今に至るまで験を得ずといふことなし」

まことに結構な湯で、その湯はこの「終点」の対岸にある湯薬師堂の「川辺の出湯」だそうである。そしてこの薬師堂の北側の丘で玉造の名の由来である勾玉などの発掘を行い、そこに玉造の歴史を語る資料館が建設される予定、ということである。

いずれ改めて、昼の玉造を訪れてみたい。

平成一八年九月

後日記

その後、何回も松江を訪れ、山陰線の列車で宍道湖畔の美しい風景を見ながらここを通ったが、残念ながらいつも玉造温泉は素通りであった。約四〇年ぶりにこの地、玉湯町（いま合併して松江市の一部）を訪れた。

玉造温泉駅で下車し、すぐ近くのバス停から乗車、間違いなく「終点」で下車。玉湯川の対岸（右岸）の小高い丘の中腹に鎮座するのが玉作湯《たまつくりゆ》神社で、八坂瓊勾玉《やさかにのまがたま》製作の祖櫛明玉神《くしあかるたまのかみ》と温泉発見の大名《おおな》持神《もちのかみ》二柱のほか二柱が御祭神である。この社の背後から北の方角、玉造川の東側にある花仙山《かせんざん》で碧玉《へきぎょく》やめのうが採れていた。文字通り玉造の名の由来である。

いま玉湯川の右岸丘の上に玉作史跡公園が造成され、その東側に「玉作資料館」が建てられている。丘の東に連なる海抜二〇〇メートルほどの花仙山のふもとで、昭和四三年から発掘調査が行われて約三〇棟の玉作工房跡が発見され、工房の中から勾玉、丸玉などの未完成品が出土したという。工房跡は台座として保全され、発掘跡地一帯が公園地となっている。そして資料館には、この一帯で発掘された勾玉や管玉その他古代の資料が陳列されている。

ここから玉湯川沿い下流に向かって、薄給の身にはあまり関係のなさそうな旅館が両岸に並んでいるが、数百メートル下った右岸に「ゆーゆ」という建物がある。これは玉湯町営（現松江市営）の共浴場で、その湯口（二口）は玉湯町有である。平成八年に開設され、この「ゆーゆ」は株式会社であるが、松江市の条例により指定管理者として浴場経営をしている。

この「ゆーゆ」のほぼ対岸にあたるところに「千代の湯」という温泉旅館があり、その玄関先に「元湯」がある。この元湯は千代の湯旅館の所有の湯口で、ここから二、三の旅館に配湯しており、それ以外の温泉旅館はみな自前で湯口を所有している。ここ玉造温泉には湯口が十数か所あるが、旅館業者以外の者で湯口を所有する者も、配湯を受けている者もいない、とのことである。

野鳥のふるさと　福岡県三井郡小郡町（現小郡市）

昭和四四年一月

福岡市の中心から約三〇キロ近く南に小郡《おごおり》という町がある。福岡市と久留米市とを結ぶ西鉄電車の小郡駅が置かれており、福岡市へ約三〇分、久留米市まで約一〇分で行くことができる。以前は筑紫平野の一隅にある純農村であったが、この数年急激に、この両市のベッドタウン化してきている。

この小郡町に、全国でも稀といってよい猟場がある（置かれている）。鉄砲を使って鳥獣類を捕獲する猟区は全国にいくつかあるが、それと違って飛道具を使わない、網による狩猟地で、明治期以前からあった猟場である。かつては久留米藩主の猟場であったが、のち村びとによる猟を認め、明治三〇年ごろには新しく制定された狩猟法により狩猟地としての免許を受けた、というかなり古い歴史をもつ猟場である。このような猟場は全国に現在五、六か所しかない。

まだ正月も松の内、この猟場の話を聞くために小郡町を訪れた。少し寒いが、猟期という狩猟のできる期間は規則で定められており、毎年一一月一五日から翌年二月一五日までで、もう猟の最盛期は過ぎてはいる。同じ研究仲間である黒木三郎早稲田大教授、武井正臣島根大教授に共同調査に参加していただくために松の内の時期を選んだという次第である。ちなみに黒木教授は福岡出身、九大での私の先輩、武井教授は中学・高校が福岡（旧制福岡高）で、当地にはなじみ深い方々だ。

参加していただいた最大の理由は、この猟場というものがすでに藩制時代に発生したもので、記録によると、「旧幕時代ニテハ旧筑後藩主有馬家累代ノ猟場ニシテ一般人ノ狩猟ヲ禁シタルカ（後に）鴨百羽ヲ上納セシメテ鴨猟ヲ村民ニ任シ所謂年貢制ヲ取レリト云ヘリ其後（中略）部落民相謀リ（中略）一猟期間ノ捕獲数ヲ見積リ（部落住民から）入札ヲ為サシメ居リ其ノ入札金ハ悉ク区費ニ充当セリ」とある。その権利は入会権と呼ぶべきものではないか、そうであればその権利を今後どのように保持、保護してゆくべきかについて答えを求められているからなのである。

いま猟場は二か所、この町のほぼ中央を南北に走る西鉄電車路線の東側にある横隈《よこぐま》猟場と、西にある三沢猟場とである。

まず横隈猟場を訪れる。ここは周囲約四キロメートルほどの井の浦池の周辺で、あたりは低い雑木林に囲まれている。鴨は毎年秋も終るころシベリアからこの池にやってくるのである。

鴨は昼、この池で休み、夕方有明海の方に飛立ち、明け方ここに戻ってくる。当然、猟は昼間行うことになるが、池の周囲に六か所ムソウ網を仕立て、ほぼ二時間ごとに網の前に餌をまき、網の近くに仕立てた小屋（トヤ――看視のための小屋）に身を隠し、鴨が餌を求めて集まったときに網を引きおこし鴨にかぶせて生捕るのだそうである。

「網を建てて、じっと看視して、頃合いを見て網を引く、これ何人でするとですか」

「建前は一人。狩猟免許（甲種・網猟）をもっておる人で、入札で決められた人です。ばってん、一人では大変なので、もう一人、補助という名目でこの捕獲に参加することができます」

「網を引く頃合いがむつかしかでしょうね。網を引いても、そこにおった鴨が全部捕れるというわけにはいかんとでしょう」

「それは、素早い奴はパッと逃げるけん、文字通り一網打尽というわけにはいきません」

「そうすると、捕まった鴨は運が悪かった、ということですか」

余り上等ではない質問である。

「捕まえた方からいえば、『良かカモ』でしょうな」

今度は線路と反対側の三沢猟場を訪れる。この猟場は、丘陵に挟まれた水田（湿田で裏作はしない）で、猟場は一〇か所あり、一猟場が原則として本餌場と仮餌場とに分かれており、一餌場はみな一枚の水田である。つまり一つの谷間《たにあい》が一猟場になっており、その谷間の二つの水田がそれぞれ本餌場と仮餌場として古くから決まっている。そしてその水田の横の山林にトヤが置かれており、本餌場、仮餌場の二枚の水田と番舎の敷地とが一つの猟場になっている。現に狩猟に供されている土地は水田ならびに番舎敷地それぞれ二〇か所（水田一枚の面積三アールないし八アール）で、谷間全体が猟場とされている。

この狩猟場は、横隈の井の浦池に渡来する鴨のいわば中継地ないし休憩地なのである。日没時に井浦池を飛び立った鴨の相当部分はこの三沢猟場のいくつかの水田に来て一休みし、それから有明海の方に飛立ち、明け方またこの水田に立寄り、それから井浦池に戻るのである。もちろん、井浦池と有明海の往復で全くここの水田に立寄らない鴨もあり、また一晩中ここの水田にいる鴨もある。とくに満月のころは一夜をこの水田で過ごす鴨が多いという。

猟法は横隈と同じムソウ網によるものであって、横隈におけるそれと相違はないが、ただ捕獲の対象となる鴨が横隈に渡来する鴨であるので、当然捕獲の時間に相違がある。すなわち、この猟場＝餌場に鴨が来るのは原則として日没時と日出時であるから、猟もこの日出没前後各一－二時間に行われる。ただ前述のように満月のときは鴨が夜中ここの湛水田にいることがあるから、日没時から日出時まで夜間ずっと猟を行うことができる。

各狩猟者は、日出没時の約一時間前に猟場に行き、餌場に餌をまき網を張り、トヤに入ってそこから餌場を看視しながら適当な時期に網を引くのである。ただ、一月には水田が結氷することがあるので、寒さの厳しい夜は日出の二時間前には現地に行って砕氷をしなければならない。また、満月のころ鴨が一晩中この餌場にいるときは、一晩中ほぼ二時間ごとに餌付をしなければならないとのことである。

「鴨捕りも大事《おおごと》（大変）ですね。狩猟者一人で一猟期にどのくらい鴨が捕れるとですか」

「猟場によって相違はあるが、多か者で一猟場にマガモ二〇〇羽ぐらいですかな」

捕った鴨は自由に売ることができるが、この鴨猟による収入は家計に重要な役割を占めるものではない、とのことである。

平成二二年九月

後日記

日本に数少ない共同狩猟地がある（あった）福岡県小郡町（市）も、そのほぼ中央を南北に走る西鉄電車沿線一帯はすっかり住宅地化し、名代の猟場も影がうすくなったようである。猟場は横隈と三沢の二か所あり、横隈は西鉄電車線路の東すぐ近くにある。平成四年、この近くに三国ケ丘という駅が設けられ、その一年前、横隈猟場の中心であった井の浦池一帯が公園化されたとのことである。

その後の猟場の実態を知りたいと思い、約四〇年後の秋のある日、現地を訪れた。まず横隈猟場、いま井の浦公園であるが、ここからさほど遠くないところに居を構えて二〇年という古賀隆子さん（旧姓桜木、西南大卒業生）に最近の事情を聞いた。古賀さんとは大学院在学中、一緒に農村の土地や家族についての実態調査に何回か行ったことがある（ただし四〇年前はまだ学生でもなかった）。

現在の井の浦池（古賀隆子さん提供）

井の浦公園は井の浦池と隣りあう三国ケ鼻という木立に覆われた古墳とが一帯となった、丘あり林あり池ありの公園である。溜池のかたちが変わったか否かは分からないが、池の一方が広場や木陰の通路となって柵が巡らされ、他方は緑の森となっている。いま主としてお年寄りの散歩道兼休憩所、保育園児たちの遊び場となっているようである。さて、肝心の鴨である。

「冬になるといまでも鴨が飛んでくるようです。私、直接見たことはないけれども、捕まる心配がないから安心して来るのでしょうね」と古賀さんの話。確かに鴨を捕まえるだけの技量も、また合法的な権利を持つ者もいないから、鴨も気兼ねしなくてよい。「やはり先祖伝来の地が懐かしいのだろうね」と言ったのは私だが、鴨にとって冬期ここが過ごしやすいのであろう。ここが永く鴨の冬のすみか（飛来地）であって欲しい。

一方、三沢狩猟地は線路の西側、丘陵に囲まれた谷間の水田である（冬期は湿田となる）。ここではいまでも、ムソウ網による鴨捕りが行われていて、番舎がある。

ところが、この谷間の猟場のすぐ近くに住宅が建った。人間が近くに住んでも鴨は恐ろしくはない（誰でも捕らえられるものではない）。鴨は昼ここで休み、夕刻、有明海の方に飛立ち、朝帰りする。中には夜この谷間で休む鴨もいるのだが、住宅からの電気の光害に悩まされるそうである。

当面これに対する措置はとられていないようであるが、この三沢猟場のすぐ近くに、小郡市埋蔵文化財調査センターが平成一七年に創設されて、大宰府庁時代の遺跡などの発掘調査が行われている。その成果がセンター資料室に陳列されているが、地下埋蔵だけでなく地上の文化財ともいえるこの狩猟場を、ぜひ生きた形で保存していただきたい。

「くろとう」と「くろうと」 鹿児島県大島郡宇検村

昭和四二年一月

南の島奄美大島は、北の一部を除くとほとんどが山ばかり、それも海抜三〇〇メートル以上の山と谷間ばかりの島である。その大島の一番西南にある宇検《うけん》村は、全村面積の九〇％以上が山岳重畳、交通の便はきわめて悪い。大島の中心である名瀬市から島の西海岸沿いに県道二三七号線が通じてはいるものの、大型車は通行できず、まだこの間を走るバスはない。

もとより未舗装の悪路続きで、この道を鹿児島県奄美支庁差まわしの小型車にゆられ、幸い海岸の美しさにほだされて、この村の役場のある湯湾というところに着いた。数年前、名瀬と瀬戸内町古仁屋《こにや》を結ぶ東海岸線（国道五八号線）と県道二三七号線がつながり一日に二便バスが東海岸線経由で通うようになったが、それまでは名瀬はじめ他の市町村に行くにはすべて舟便によるしかなかった。

この村全体が焼内《やきうち》湾という入海を囲むような形で、村内に約一三の集落があるが、皆この湾に臨んでおり、村内集落間の交通はすべて舟便によっていた。現在でも道路事情はよいといえず、対岸や少し離れた集落に行くのは大方舟便である。

このような交通の不便さは単に地形の関係だけではない。それは当村を含む奄美大島全体が戦後しばらくの間、アメリカ軍の占領下に置かれたという事実にもとづくのである。

昭和二〇年、日本の敗戦により北緯三〇度以南の日本領土、つまり沖縄諸島、奄美諸島などがアメリカ軍の占領下に置かれて、日本の復興から取残され、人々は生きるため辛酸をなめつくした。日米講和条約成立後の昭和二八年一二月、北緯二七度以上の諸島が解放され、奄美諸島は日本に復帰したが、不幸にして沖縄はまだ（昭和四二年当時）占領下にあり、一日も早い日本への復帰を祈らずにはいられない。

波静かな焼内湾北側の芦検《あしけん》という集落に来た。この集落には組合名義や個人名義の山が多いが、それが入会林野といえるのかどうか聞きたい、と言われて県の入会担当者の方の案内でここまで来たのだが、それというのも数年間占領下にあったため、内地のそれと同じなのか、それとも事情が違うのかということなのである。

ここの共有林と呼ばれている入会山では、三、四年前まではいわゆる勝手取りが行われていた。つまり集落の人々は各自山入りしてパルプ材になるような立木を伐採し、それを土場《どば》まで運び出す。それをパルプ会社の下請人が買取り、各人に代金を支払う。受取った人は代金の五％を集落に支払う、ということが行われていたが、いまはその需要もなくなり、人々は山入りしなくなって、ごく一部で素材業者による分収造林が行われているだけだという。

ここで私は、他に余り例のないものを見せていただいた。その一つは「入枝山契約書」で、これは地元芦検集落と西隣にある生勝《いけがち》集落との入会地についてのとりきめで、要約すると「明治一七年我が芦検部落の日置山を入枝山として共同利用せしむべく……生勝部落民の生活安定の為是を是認し爾後六拾四年も……利用せしめ来れり……当時契約書取交しありたるも空襲当時の混乱により紛失したる為茲に新た継続的契約書を作成し」とあり、その日付は一九四八年九月となっている（占領下であったためか昭和二三年ではない）。つまり、芦検部落の所有地を芦検と生勝両部落の共同利用地とする、いわば入会権設定（もしくは確認）契約書である。

他の一つは、部落有入会地の登記名義は個人のほか「芦検農事実行組合」名義が大部分であるが、他に数筆「株式会社芦検商店」所有名義の山林があることである。この「芦検商店」とは芦検部落の住民共同経営の商店だそうだが、このような商店所有名義の入会地は珍しい。この芦検商店名義の入会地は、もと他の入会地と同様に「芦検農事実行組合」所有名義であった。入会地である以上、登記に左右されることはなかったものの、昭和三六年に素材業者と分収造林契約のため地上権設定登記の必要があった。農事実行組合は法人でないためその名で登記できないので、株式会社芦検商店の名で入会地の所有権登記をした上、造林者のため地上権の登記をした、という次第であり、いまこの芦検商店が森林経営をしているわけではない。

この「芦検商店」というのは芦検住民の共同出資の商店で、戦前の産業組合購買店を母体にしている。

産業組合は戦時中農業会となり戦後解散され、この購買部の経営が難しくなった。そこで、住民の日常生活に不便を来さないように、昭和二五年、芦検部落の有志四、五名が出資して芦検商店を設立し、日用品の販売事業を始めた、ということである。それが昭和二八年日本復帰後、芦検の住民（約一〇〇名）がみな出資加入して実質的に協同組合的な経営が行われてきた。その中で専売品を取扱うため法人化することが必要であったので、昭和三六年に協同組合でなく「株式会社芦検商店」ということになったそうである。

その株式会社商店内に入ってみたところ、レジ台に受取証の束をおいて客と店員が何やら話をしている。「あのように受取証を一年分まとめて出すと、その人の買入れ金額を計算して、それ相当の品物がただで買えるのです」と村の職員の方の説明である。つまり、各自の買入れ金額による配当、いわゆる利用割配当が行われている、ということで、株式会社のように出資割配当は行われていないから、この商店の実体は協同組合といってよいだろう。

聞取りが終わったその日の夜、私と県の担当者への歓待の意味を含めて、宇検村職員の方四、五名とで役場近くの旅館「はとば」で小宴会が開かれた。まず私は、この共有山が内地本土の入会林野と変わりないことを報告し、余り他にない数少ない例（入枝山契約と芦検商店）に出会ったことのお礼を述べた。それから宴は焼酎の乾杯から始まる。以下、そのときの小話である。

残念ながら私は酒も焼酎も飲めない（身体に合わない）。かたちだけの乾杯をすると、まずはなかなかの美人といってよい女将が来て、「先生、お湯割りですか」と聞く。「いや私はアルコールはだめだから、くろとう（黒糖）をもらいたい」というと、その女将、いっとき分かったような分からないようなけげんな顔をしたが、隣に座っていた県の担当者が「この先生にこくとう（黒糖）をもってきてくれ」と言うと、しばらくしたら黒砂糖の小さなかたまりをいくつか皿にのせてもってきてくれた。いうまでもなく奄美大島はこの特産地で、黒糖がお茶請けに出されることも少なくない。昭和初期の私の幼少のころ、九州の田舎でお菓子といえば、黒砂糖のかたまりが代表的なものだった。

翌朝、朝食のとき女将が来て、「先生、昨晩先生からくろとうはないかと言われたときは、困ったと思いました」と言う。そういえば一瞬、解《げ》せぬような顔をしていた。

「なぜかね？」

「だって、ここはくろうとはおりませんもの」

くろうと？　くろとう、ああそうか、玄人か。すぐ分かったので尋ねた。

「玄人はおらんけど、それでは素人はおるとかね」

「おりますよ。ほらここに」と、じっと私の顔を見て言う。

「ははあ、そうか」と顔を見合わせて大笑い。

あとで聞くと、こくとう（黒糖）を「くろとう」と言った私の日本語が間違っていたようだ。

平成二二年一〇月

後日記

平成二二年秋一〇月、四〇年ぶりにこの宇検村を訪れた。今回、この大島の龍郷《たつごう》町の東隆造氏に土地

現在の枝手久島（福田高吉氏提供）

問題の相談に呼ばれ、その折、足を延ばしての訪問であった。同じく龍郷町の福田高吉氏から、宇検村にも共有（入会）地の開発をめぐって開発業者との間で裁判があり、地元の共有者側が敗訴したと聞いていたので、現在の事情を知りたかったからである。

この宇検村の西端、海を隔てた目と鼻の間にある枝手久島《えだてく》の一部について、ある業者が買受けを申入れた。その土地は対岸の阿室《あむろ》集落の共有入会地であったが、集落では大多数の賛成で、この土地の売却を決定した。ところが、業者の買受目的が石油備蓄基地建設であったので、阿室集落出身の、主に本土居住者約二〇〇名（同一世帯の者が少なくない）が、ふるさとの土地を守れ、と業者を相手としてその売買の無効を主張して、所有権移転登記抹消登記請求の訴えを提起した。その理由は、阿室集落入会権者で地区外に転出した者でも帰村すれば入会権者として復権し、また集落の施設維持費に寄付をしているから入会地に潜在的に権利を有しているというべきであり、したがって共有入会権者である自分たちの同意を得ていないこの売買は無効である、というのである。

鹿児島地方裁判所はこの主張を認めなかった（昭和五五年三月二八日。高等裁判所でも同じ結論だった）。

いわゆる転出者が、転出して後も集落に対して一定の送金を続けるという例は稀ではない。しかし、入会権者とは入会地の共同管理維持のつとめを果たすことのできる土地＝地域に居を構える（生活する）ことが必要であり、転出者とはそれができない状態にある者であるから、ふるさとを思う心はもっともであるが、転出者は入会地については実体的な権利はない、というほかない。一定の送金を続けるということは再び集落に戻ったとき当然権利が復活するための担保といってよいのだろう。

ところが、役場で聞くと、この土地での工事は全く行われていない、とのことである。業者が工事を断念したのではないか、ということ。そうであれば、裁判では負けたが、実際は、ふるさとを思う心が勝ったことになる。残念ながら、いまから現地に行く時間も、また「しろうと」の女将に会う時間もなさそうだが、明るい南国の空がいっそう明るくなった。

平成日本歩き録

郡役所と支庁　北海道檜山郡江差町

平成一八年一〇月

「江差追分《えさしおいわけ》」や「ソーラン節」で聞こえた江差は北海道南西海岸の町で、早くから函館、松前と並んで蝦夷《えぞ》三湊と呼ばれた良港であった。一七世紀に檜奉行が置かれて賑わいを呈するようになったといわれている。この檜とはエゾマツのことで、その積出港であったが、もとよりニシンの漁場として栄えたことはいうまでもない。そのニシン漁が大正以降不漁となり以前のような繁栄は見られないとしても、いま北海道庁の支庁（檜山支庁）が置かれ、行政上の要衝となっている。

平成一八年一〇月、私は函館から青森行きの列車に乗り木古内《きこない》で下車、江差行の列車に乗換えた。列車といっても気動車一輌で、定刻通り発車したが乗客はなんと私一人。約一時間、途中八つほどの駅を各駅停車。途中、乗降客全くなし。タクシーではあるまいし、運転士一人、乗客一人、何かもったいない。江差駅で下車するとき私が運転士に「ご苦労さん」と声をかけたら、「やあ」といって苦笑いしていた。

江差の町には最近、「いにしえ街道」が完成し、古い町並みが保存されている（ただ古い家だけでなく新しく建てられた家もある）。いにしえ街道に入ってすぐ右の高台に、北海道最古のお宮といわれる姥神大神宮《うばがみ》が鎮座しており、社標には「陸奥国松前一之宮」と記されている。街道をはさんですぐ下に、かつてニシン漁で財をなした横山家の広大な建物があり、一般に公開され、網元時代に使用された生活用具などが展示されている。

この町はいにしえ街道に限らず、町づくりが和風、内地風といってよい。とくにそれを感じたのは、お菓子屋さんである。北海道の菓子といえば、バターその他乳製品が多い（と思う）が、ここでは饅頭、餅菓子などを並べた大きな和菓子店が数軒構えているからである。食べ物のついでにいえば、確かに「にしんそば」があるけれども、肝心のニシンはどれだけあるのだろうか。

町内に見るべきところも少なくないが、興味をそそられたのは、旧檜山郡爾志《にし》郡役所の建物である（いま記念館となっている）。北海道の地方自治制度はいわゆる内地のそれとはやや異なるけれども、細かいことはさておき、この建物はいにしえ街道から少し丘に登ったところにある。明治二〇年に建てられた木造洋風二階建てで、当時、大工棟梁が見よう見まねで造ったといわれている。郡役所はその二階、一階は警察で、当時は郡長が警察署長を兼ねていたからということである。

警察は司法機関でなく行政機関であるから、行政の長である郡長が警察署長を兼ねても不合理とはいわないまでも、何か昔の〝お奉行〟を思わせる。もっともここは旧松前藩の檜山奉行所であったところだから当然であったかもしれないし、また郡役所というところは町村役場ほど住民に直接関係のある役所ではないから、それほど住民の出入りは多くなかったと思われるけれども、とにかく正面の玄関を入って、こわい〝おまわりさん〟を目の前（正しくは横）にして階段を登っていかなければならなかったのだから、余り気楽にこの役所には行けなかったのではないだろうか。

ところで、この建物＝庁舎の正面に向かって左側に留置場がある。独房がいくつかあって畳が敷いてあり、中は綺麗である（いまは入る者がいないから当然であろう）。昔はどうであったのだろうか。寒い北国で暖房はあったのだろうか。警察の庁舎だから留置場が併設されている、といえば当然であろうが、今の県の出先機関にも相当する郡役所に留置場があるというのは、やはり村人にとっては、こわいものではなかったか。

その後、郡制度が廃止されるに伴い引き続き北海道檜山支庁の庁舎となったが、昭和三年に檜山支庁が別に新築移転、それからは江差警察署の単独庁舎となった。戦後昭和四三年に江差警察署が移転し、この建物は北海道から江差町に移管され、江差町役場分庁舎として使用されたが、平成五年に町役場新築完成により、役所としての使命を終え、現在北海道有形文化財としての指定を受けている。


檜山支庁はいうまでもなく北海道庁の出先機関であるが、いにしえ街道から外れた丘の上にある。ところが町内に、多くはないが「檜山支庁廃止反対」という立札やビラが見られる。行政機構改革の一環であろうが、北海道は他の都府県よりも面積がはるかに広大であるから、府県の何々事務所と異なり道庁＝知事の有する機能を委譲した機関として全道に一四の支庁を置いている。北海道以外にも、本庁に出向くのが余り便利ではない島嶼《とうしょ》をもつ長崎県、鹿児島県、沖縄県などはそれぞれ県の支庁を置いている。

ところがこの檜山支庁管内というのは道内一四の支庁中その地域がせまい。人口も少ない方である。となりの渡島支庁も同様に管轄区域がせまい方であるが、こちらは道内第二の都市函館に支庁が置かれている。この二つの支庁を併合して函館に支庁を置くという考えも行政の簡素化からいえば当然かもしれない。しかし、支庁関係の事業者はもとより、支庁廃止によって町がさびれると困ると思う人たちが支庁廃止に反対するのは当然であろう。

ところが、たまたま「支庁廃止賛成」というビラが目にとまった。これはまた、廃止賛成とはどういうことであろうか。立ち寄った商店で尋ねてみると、「さあ、本庁（道庁）からここに仕方なしに転勤させられた人たちではないでしょうか」。そうであるかもしれない。そうでないかもしれない。

帰路、江差から木古内に向かう列車は数人の乗客があり、中途の駅でも乗り降りがあって、今回は地方公共交通機関の役を果たした。

一人でも二人でも農地を守る

青森県下北郡大間町　　　　平成一四年七月

東西南北に長い日本列島のうちの本州島の最北端は青森県下北半島の大間町である。マグロの水揚地として知られるとともに原発設置の問題でも名を知られるようになった。

平成一四年七月、この原発設置をめぐって反対運動の世話人をしておられる佐藤亮一さんをたずねて、大間町を訪れた。

この大間町まで行くには、県都青森市からであれ東京方面からであれ、東北線の野辺地《のへじ》駅から大湊《おおみなと》線に乗換え、陸奥《むつ》湾沿いに北進して、終点大湊の一つ手前の下北駅で下車、そこからバスで行かなければならない。大間を訪れるのは初めてであるが、約四〇年前、大間町の南にある佐井村を訪ねたことがある。当時は下北駅から二〇キロ、外海に面した大畑まで国鉄大畑線という路線があり、そこからバスで海岸沿いに行ったのであるが、平成一三年にこの大畑線は廃線となった。そこから先はバスで恐山山地がせまった海岸沿いに行くのであるが、前回ここを訪れたときいささか不思議、というより思いがけない風景を目にした。

それは、ほぼ海岸の道路沿いに、鉄道路線の廃線跡地と思われるトンネルや鉄橋、部分的に路線敷が見られたことである。今日でもまだごく一部で見ることができるが、国鉄が大畑より先に路線を開業したことはなく、したがって廃線ではない。それでは建設予定線か? 前回来たときそう尋ねたら、数十年前の建設予定線であった。大畑線は昭和一四年に開通したが、これは大湊―大畑―大間間の鉄道の一部として開通したのであって、この間は軍事上の重要路線として（大湊は海軍の要港であった）建設を予定されていたが、戦局利あらず、工事中止のやむなきに至ったとのことである。戦後、この地元の人々から路線建設、全線開通の要望があったが、結局そのままになってしまったようである。

バスは海岸沿いに走り、大間崎という停留所で停まる。すぐ前に「ここ本州の最北端の地」という碑が立っている。その岬から五〇〇メートルほど沖に小さな島があり、灯台が立っている。海の向こうは北海道渡島《おしま》半島、函館の東汐首岬《しおくび》。そこまでの距離は一七キロメートルほどだそうである。バスはここから大きく左折して南下、大間の町中に入る。

バス大間停留場で下車すると、そこに佐藤さんが出迎えていて下さった。初対面であるがすでに意を通じていたので、早速原発建設予定地とされている現地へと案内していただいた。その予定地はバス停のある町の中心から南へ一キロ余りの陸奥湾に面した奥戸《おこつぺ》という集落のあるところである。

この土地は約八四ヘクタールの農用地、農道・防風林など約二〇ヘクタールがあるが、農用地のうちの約六七ヘクタール、農道用などの土地のうち約一〇ヘクタール、そのほとんどについて電源開発㈱(以下「電源」)が買収を予定している。この土地はもと国有地であったが、自作農創設特別措置法にもとづき昭和二六年二月、地元住民ら約一七六名に売払われた。売払を受けたのはもとより営農者であるが、いわゆる奥戸の集落として集団的に売渡されたものではなく、買受人には地区外出身の者もいたから、土地はそれぞれ個人有地に分割して配分された。しかし農道・防風林などを含む雑種地は一七六名全員の共有とされた。

昭和五〇年ごろ、すでに原子力発電所の設置を計画していた「電源」は当地をその候補地として目をつけ、昭和五五年からそのための立地調査を行い、この土地を原発設置予定地としてその旨を大間町に申入れた。昭和五九年、大間町議会は原発誘致を決議した、ということであるが、これに賛成した多数の議員の考えはどうだったのであろうか。推測ではあるが、自分が何らかの損失を蒙《こうむ》るとは考えなかったのであろう。ただ、当時すでに農業不振、開拓農地も半ば荒れ地に近いところが多かった。そこで「電源」は平成二年以降、このもと開拓地一帯の買収を始め、個人有地のほとんどを買収した。残ったのは農道・防風林など、いわゆる共有地と、奥戸住民熊谷あさ子さんの個人有地だけとなった。なお、佐藤さんは昭和二六年当時青森市在勤であったため農用地買受人一七六名の中には入っていない。

佐藤さんから現地案内かたがた説明をしていただいた。海岸近くの土地であるが、ほとんどが施設建設予定地として整地されている。だが中に一か所ビニールハウスが置かれ、いちごなどが栽培されている畑がある。これこそ原発反対の立場を変えずにがんばっている熊谷あさ子さんの土地である。

「あさ子さんの御主人が数年前亡くなられたが原発反対で、『電源』が土地買収交渉に来ても門前払いしていたのですが、あさ子さんも同じくその遺志をついでか一人がんばっているのですよ」とは佐藤さんの弁だが、あさ子さん一人ではない、佐藤さんもある農用地の所有者が町外に転出する際にその土地を買受けた農用地の所有者である。それに伴って農道の共有者の一人となっており、原発反対運動の当事者であって、単なる協力者ではない。

個人所有の土地だから売ろうと売るまいと勝手だとは必ずしもいえないが、原発が危険であるという正当な理由で反対しているのだから、一〇〇%とはいえなくとも九九%安全だという保障がない限り、個人の所有地を収用することはできない。そこで「電源」側にとってもう一つ壁があった。

それは一七六名共有となっている農道である。この農道は私道であって道路法上の道路ではないが、海岸沿いの国道からもと開拓地の間を通って原発設置予定地に行く通路となっている。熊谷さんの畑はこの農道をはさんで（ビニールハウス畑とその反対側と）あるのだが、「電源」は共有者一七六名中ほとんどその持分を買収したにもかかわらず、このお二人の分が買収できないので、自由に使用転用することができない、という状態なのである。

平成二二年六月

大間で水揚げされたマグロ
（佐藤亮一氏提供）

後日記

「電源」は平成一五年、青森地方裁判所に、熊谷・佐藤両氏（ほか少数の転出者）を相手として、この農道の分割（共有物分割）を求める訴えを起こした。これに対して熊谷さんたちは、道路は共同所有であるからこそ使用できるのであって、個々人に分割したら使用できなくなるから、この訴えは不当だと反論したが、裁判所は平成一七年五月一〇日、この土地を分割する旨の判決を下した。

その判決の結果、熊谷さんの場合、いままで二つに分かれていた畑の間の農道の部分が個人所有地として認められた。これによって熊谷さんの畑は一つの土地としてまとまり、農道はここで遮断され、国道から原発予定地への通路として使用することができなくなった。

ただ、熊谷さんの土地は周囲を「電源」所有地に囲まれた「袋地」となった。国道からの出入りは多少不便になることはあってもこれを否定されることはない。もとより熊谷さんはこれからも畑作りを続ける覚悟であるが、広い原発建設予定地の中のごくせまい畑でも、そこで作物の栽培を続けることが原発反対、安全祈願の意思表示なのである。

一方、大間のマグロはどうなるのだろうか、と佐藤さんに尋ねると、

「漁業組合の人たちは、はじめよく分からないまま漁業権放棄に賛成したけれども、いま若い漁師たちの中には、このままでは大間のマグロが危ない、何とかしなければ、という空気が出ているね」

とのこと。原発反対の意見は決して一人や二人だけではないのである。

年寄りは黙って家で寝ています

岩手県大船渡市赤崎町合足

平成一三年一月

岩手県東海岸の南に大船渡《おおふなと》という港町がある。同じく三陸海岸の宮古《みやこ》や気仙沼《けせんぬま》と並んで漁業の町でもあるが、それ以上にセメント工場、その積出港として発展してきた。この大船渡市に行くには県内東北線の一ノ関から大船渡線というローカル線で行くのが順路である。この大船渡線は一ノ関から東進していったん宮城県に入り、気仙沼市を経て北上し、岩手県大船渡市へ至る、というやや複雑な路線である。

同じ府県内の他の市町村に行くのによその府県を通らなければならない、というのは必ずしも珍しい

ものではない。現に私の住む福岡県の博多から同じ県内約三五キロメートル南にある久留米市に通ずるJR鹿児島本線も（また国道三号線も）いったん佐賀県に入り筑後川をわたって再び福岡県久留米市へと入っている（ただ鹿児島本線博多－久留米間のほぼ東側を走る西鉄電車は佐賀県に入ることはない）。地形の関係といえばそれまでであるが、この大船渡は仙台藩の支藩であった一関藩に属し、明治初年気仙沼と同じく宮城県気仙郡大船渡村として宮城県に属していたが、気仙郡全部が明治九年に岩手県へと編成変えされたのである。そして気仙沼が気仙郡でなく、もともと宮城県本吉郡内であったからいささかややこしい。本来鉄道というものは必要な都市や名勝地などを比較的短い距離で、しかも急な勾配を避けて通るものであるから、その都市や名勝地が何県にあろうと関係ないことである。ところが、この大船渡線が複雑というのは、この線が有名な鍋鉉《なべづる》線で、それも地形のためでなく政争の結果だからというのである。

一ノ関駅を発車した大船渡行の列車は約一〇キロほど東進して陸中門崎《かんざき》という駅に着くが、丘陵の間の屈曲した路線であるため路線距離は一四キロ、ここから大きく左折して約八キロ北上、陸中松川から右折して東進する。猊鼻渓《げいびけい》駅という景勝地を通り約九キロで摺沢《すりざわ》、そこから再び右折南進すること同じく約九キロで岩手県東磐井郡（現一関市）の首邑である千厩《せんまや》駅に着く。陸前門崎駅と千厩駅の路線距離は約二六キロメートル。この間をほぼ直接で結ぶ国道二八四号線の距離は約八キロメートルである。三角形の二辺をまわれば遠まわり道ということになるが、ここでは四角形の三辺というまわり道である。これは大正後期から昭和初期の政争の関係で、自己の選挙区（票田）に鉄道を引く〝我田引鉄〟戦争の結果なのである。

　その大船渡線の終着駅は市名を名乗る大船渡駅の次の盛《さかり》駅で、行き止まり式の駅である。ここまでは昭和一〇年に開通したが、これから先の釜石までは昭和四五年から四九年までの間に開通した（この区間は第三セクター三陸鉄道となっている）。したがって、県都盛岡から鉄道でここに来るには釜石経由の方が距離も短く、よその県を通らなくてすむ。この間は（三陸海岸一般に同様であるが）海岸まで山なみせまり、海辺にある集落は陸路の便甚だ悪く、近くの集落との往来は船便に頼るほかはなかった。

　大船渡市の一番東南端、市の中心部から約一〇キロメートル離れた海岸に面したところに合足《あったり》という集落がある。鉄道からも国道からも離れ、この一帯は海抜三〇〇メートル以上の山が海岸にせまり余り交通の便のよくないところで、市の中心からバスが一日に三便運行されているだけである。

　この集落を訪れたのは、最近共有入会地について裁判があり、その結果がどうも腑に落ちなかったので、そのいきさつと、他にまた尋ねたいことがあったからである。その裁判とは、集落内の分家筋（新戸）が本家筋（本戸）に対して共有地の入会権者であることの確認を求めたもので、この種の裁判は他にも例はいくつかある。その判決はほとんどすべてといってよいほど、みな新戸が入会地に権利を有すること、つまり入会権者であることを認めている。しかしここでは、第一審盛岡地方裁判所一関支部は新戸の権利を認めたのに対し、仙台高等裁判所はこの判断をくつがえし、新戸の権利を認めなかった。とくに第一審で認めたものをなぜ高裁が認めなかったのかが疑問に思われた。

合足集落は二一戸の小さな集落で、本戸一三戸、新戸八戸で、入会地は本戸一三名共有名義で登記されている。このうち分家の時期が比較的新しい二名を除く六名は昭和一〇年代ないし二〇年代に分家独立し、入会山に立入り薪材などを採取していた。昭和五〇年ごろ、地上立木を伐採し、それを売却したが、新戸は代金の配分を受けず、その後入山を拒否されるようになったので、この六名が本戸（共有地登記名義人）を相手として、自分たちもこの土地に同じく入会権を有することの確認を求めたのである。裁判所は新戸の人々が山入りしていたことを認め、第一審は権利があると判断したが、仙台高等裁判所は、近在の集落では新戸が入会権者として仲間入りするのにみな加入金を支払っているのに、この人々は加入金など支払っていないので、入会権者となったとは認められない、という判断をしたのである。

分家筋の代表上野初吉さんの話である。

「私たちでも加入金を払えといわれれば払っていますよ。ここでは山入りするのに加入金などの話はなかった。それを、他の部落ではみな加入金を払っているのにお前のところは払ってないから駄目だ、権利が認められない、といわれても、何か合点がいかない」

それはそうであろう。逆に周辺の集落が、新戸に対して一定期間つとめを果たせば、とくに加入金の支払などなしに入会権者として認めているのに、ある集落だけが加入金の支払などの要件を求めている（という慣習がある）場合、その要件がよほど不当なものでない限り、その慣習に従うべきである。ここでも当然同じこと（形式上は逆）がいえる。

入会権については、民法で「各地方の慣習に従う」と規定されているが、この「各地方」というのはそれぞれの入会集落のことである。つまり入会地についてはそれぞれの集落のとりきめが法律と同じ効力をもつ、ということである。あることがらについてその集落の慣習＝とりきめが明らかでない場合、他の近くの集落の慣習を参考にするのはよいが、ある集落の慣習が近くの集落の慣習と違っていても、その集落の慣習が不当なもの（たとえば無断で伐木したら村八分にするなど）でない限り、その慣習に従うべきである。

「しばらく模様を見ることにしています」

そうするよりほかはないだろう。ただこの事件で原告になった人々はそれほどお若くはないのだ。

この集落を訪れたのは入会判決のほか、五〇年ほど前、東北大学教授（当時）中川善之助博士の『気仙の漁業家族』というきわめて興味深い調査研究報告書を読んで、この地方の家族慣習に関心を抱いたからである。もっともその調査地はこの合足よりもさらに東へ進んだ越喜来《おきらい》村（現在はこの旧赤崎村同様、大船渡市に編入されている）で、以前は鉄道はもとより道路も十分でないためバスなどの便もなく、どこに出るにでも歩いて山越しするか海路を行くしかなかった。いまは鉄道も道路もあるが、この赤崎よりも交通の便はよくない。五〇年以前は他の集落との行き来も余りなく、いうなればまさに僻地であった。

同博士の報告によれば、このような集落であったから閉鎖的で村落内での婚姻が多く、また同族内の、例えばいとこ同士などの比較的近親者間の結婚の例がいくつもあり、そのような慣習はこの地方一帯で見られる、というのである。

それから五〇年以上たったいま、この集落でも余り近い間柄の婚姻はない。しかし、せまい、余り交通の便が良くなかった集落であるから、集落のほとんどが親戚のようなものだそうである。この集落は、上野、比田の二姓がほとんどで、現に上野初吉さんは本戸の当主とはいとこであり、そのほかこの裁判で原告となった新戸の人々は、ほとんど本戸の当主とおじ・おいあるいはいとこの間柄で、近い親族関係にある、本家と分家の関係にあるのだ。本家と分家は同じ身内なのだから、格の違いはともかく、同じ（同等）に取扱うのが当然だ、と北九州に住む私はそう思うのだが、どうもこのあたりではいささか違うらしい。しかし、これから先はお互いに話合って解決するよりほかないであろう。

このような話をしているうちに、帰りの（盛の方に戻る）バスの時間が近づいた。このバスは朝、昼、夕方の三便しかなく、しかも休日は運転休止である。このバスを利用するのは通学の小中学生と病院に通うお年寄りくらいだそうだ。「だから、ふつうの休日でない学校の休日もバスは運転しないのですよ」とのこと。

「小中学生はそれでよいけれども、お年寄りはどうされるのですか」と尋ねると、

「年寄りは黙って家で寝ています」

いやはや何と言えばよいか、言う言葉がなかった。

平成二三年四月

追記

平成二三年三月、東日本大震災。テレビや新聞で次々に報ぜられる三陸海岸一帯の惨状は目を覆うば

かり。大船渡市赤崎合足は海岸からそう遠くはないのだ。合足の皆さん方はどうしておられるだろうか。未だに問合せようにもそのすべがない。ともかく皆さん方の御無事をお祈りするとともに、一日も早く現地と連絡がとれるよう期待するほかはない。

一番深い湖を一番美しく

秋田県仙北郡田沢湖町（現仙北市）

平成一四年七月

田沢湖といえば日本で一番深い湖であることは小学生のときから知っていた。その田沢湖のあるここ秋田県田沢湖町で、第一二回目の法社会学インターゼミナール（私の勤務する西南大はじめ早稲田大、大阪大など、五、六大学法学部の各法社会学ゼミナールの共同研究会）が開かれるというわけでこの町に来たのは一五年前（昭和六二年）のことだった。

いま東北線の盛岡からここを経由して奥羽線の大曲まで田沢湖線という支線が走っている（しかも秋田新幹線の一部となっている）が、盛岡とこことの間の路線が開通したのは昭和四一年で、それまでは奥羽線経由で来るしかなかった。そしてそれまでこの駅は生保内《おぼない》という名で町の名も生保内町であったが、昭和三一年、他の二村と合併して田沢湖町となり、駅名も昭和四一年開通と同時に田沢湖駅と改称された。

町村合併による新町の名称の田沢湖町はふさわしいとしても、駅名はもとの名がよかったように思う。ちなみに県北十和田湖の南にある花輪線の毛馬内《けまない》駅も十和田南という名に改称されてしまった。東北線にはいま沼宮内《ぬまくない》、阿仁合《あにあい》線（現三セク）の比立内《ひたちない》などまだ健在だが、この地名に「内《ない》」が付くのはいかにも東北の名を表していると思われる。この「ナイ」は駅名でいうと北海道にもあり、道南の木古内《きこない》は同じ系列、語源と思われる。

町名が（とくに町村合併などによって）変更されたからとて駅名を改正しなければならないことはなく、新しい市や町の名称に対して駅名は変えずに従来の伝統ある名でもよいはずである。そのもっとも良い例が、我が住む福岡市の玄関、博多駅である。ちなみに博多駅から二つ先に雑餉隈《ざつしよのくま》という駅があり、かつて東京から来た友人が、ここまで来ると九州（熊襲《くまそ》を連想したか?）まで来た感じがする、と言っていたが、いまは南福岡という味気ない名前に改称せられてしまった。九州の駅名といえば東北の「内」に対して「原《はる》」であろう。長者原《ちようじやばる》、前原《まえばる》、田原坂《たばるざか》、原田《はるだ》など原のつく駅は少なくない。

駅名談義はさておき、平成一四年の夏暑からぬときに再びこの地を訪れた。風光の地を再び訪ねたいという気持ちもあったが、それとともに前回問題があった玉川ダムとこの田沢湖との関係——というより田沢湖を取り巻く環境が

田沢湖畔にて

どうなっているかを知りたかった。

田沢湖駅からバスで湖畔まで行く（その日は日曜で公的機関での聞きとりはできない）。そこに案内所らしき建物があり、中年の男の人が二人おられたので、「御座石《ござのいし》神社にお詣りしたいがどう行ったらよいでしょうか」と尋ねた。御座石神社は田沢湖の北岸に鎮座する小さな祠で、前面の水はあくまで青く風光明媚の地であることはさりながら、玉川ダムの流水である玉川に最も近い位置にあるので、流水と湖水との関係を知るには一番よいところである。そこで、この湖の水、それに伴う環境の変化などについて尋ねてみた。御座石神社は話の切り出しになったかたちであったが、二言三言話しているうちに、そのうちの一人、吉成勝さんという方が、「あの車に乗りなさい、現地を案内するから」と言われる。早速同乗させていただく。湖水は青々としているが、それにしても、この親切さは何とも言えない。いきなりやってきた一面識もない（もっとも名刺を差出して身分は明らかにしたが）七〇歳すぎの高年の男を、自分の車で案内すると言われるのだから。

お二人の運転と案内で田沢湖岸を東から北へ進み、湖の北岸に鎮座する御座石神社の前に到着。湖の守護神であるこのお宮の鳥居が立つ汀《みぎわ》から望む湖は、周りの深い緑と空の青さに包まれて美しい。ただ湖岸が白く、雑草で荒れているように見えるところがある。なぜだろうか。吉成さんの説明によると、「湖の南にある生保内《おぼない》発電所――湖水面から五〇メートル位の落差があるかな――そこに放流する。水位が下がらないようにするためには上から流水を入れればよいわけだが、この玉川の水は酸性の強い有毒水だったので、そのまま湖に引くことはできなかった。それで水位が下がり、湖岸が汚くなったのだが、玉川ダムができてから毒性がほとんどなくなって、その流水を入れることができるようになった」とのことである。

この田沢湖の北から東を通り町の中心部に流れる玉川は、湯量の多いことで知られた玉川温泉（約二〇キロメートル上流）が水源で、この温泉はきわめて酸性が強いため、その水をそのまま田沢湖に流入させることはできなかった。一五年ほど前に玉川温泉とこの湖のほぼ中間に造られた玉川ダム建設に伴う浄化施設によって、その毒性が薄められ、玉川の水の流入が可能になり、水位の低下を防げるようになったのであるが、この玉川ダム建設には多少の紆余曲折があったようである。

この玉川ダムは当初の計画で水没面積約八〇〇ヘクタール、そのうち農地が約一二〇ヘクタール、一〇〇戸余りの住宅が水没するという多目的ダムで、最大の目的は秋田市近郊に計画されている工業団地に、ここから長大なトンネルを掘って送水するという厖大な費用を要するものであった。だが、その計画は変更されて、玉川流水の浄化施設を設け、治水・発電のための多目的ダムとして昭和五九年に完成した。

「いま水位の問題はないけれども、水質が悪くなったためか、魚がいなくなったね。コイやウグイは捕れるけれども、マスやイワナなどはいなくなった」

この田沢湖は深さだけでなく湖水の透明度も国内で一、二を争うほどだったが、いくつかの魚が住めなくなったいまでは、残念ながら余り透明度を主張することはできない。しかし、田沢湖の美しさを守る会が組織され、年何回か、主として沿岸の除草、清掃などの作業を行っている。吉成さんはその幹事役なのだ。各地から訪れる観光客から喜ばれるように、そして観光客から汚されないように、田沢湖の美しさを守っていただきたい。そして一番深い湖が一番美しくあって欲しい。

土地買収による補償金の行方は？

山形県東田川郡朝日村（現鶴岡市）　平成一四年三月

かつての海坂藩――これは藤沢周平の作品の舞台の名で実体は庄内藩――の城下町、山形県鶴岡市の南にそびえる出羽三山の麓ともいえるところに最近大型ダム「月山ダム」が建設された。このダムは平成一三年に完成してすでに始動している多目的ダムである。

ダム建設をめぐって紛争になることが多く、ここ山形県朝日村でも裁判があった。ただこの裁判はダム建設の是非ではなく設置後の対応についての紛争であるが、すでに第二審判決も出され、現在上告受理申立中である。だが第一審、第二審とも甚だ腑に落ちないところがあるので実態を知りたいと思い、担当弁護士に紹介していただいて現地を訪れた。幸いこの裁判の主導的立場にあった菅原亮亀、難波勲の両氏からお話を聞くことができた。

鶴岡市街から南進、庄内平野の尽きようとするところ、北に流れる赤川が二つに分かれ（正しくはここで合流するのであるが）、そこから東に梵字川《ぼんじ》を遡ること約八キロメートルの地点、河川敷地に月山ダムはある。右岸にいわゆる六十里越《ろくじゅうりごえ》、山形方面へ向かう立派な道路が通っており、その背後と対岸は雑草地、これがこの裁判の係争地である。案内していただいた両氏の説明で分かったが、ところどころ何かの跡地のようなところは炭焼窯の跡地で、五〇か所余りあり、昭和四〇年ごろまで本郷村の人々がここで炭を焼いていたとのことである。

この両岸を含む周辺一帯は現在朝日村所有の土地で、その一部が国に買収されたのであるが、もともと昭和二九年に朝日村に合併する以前の本郷村六集落の共有入会地であった。明治初期いったん国有に編入されたが、明治末期に地元六集落の人々に売払われた。それ以後も、地元六集落の人々の共有入会地として採草や薪取りなどに利用されてきたが、いわゆる部落有林野統一事業によって昭和七年に本郷村に寄付させられた。昭和四八年、国はこの地に多目的ダムの建設を計画し、調査を始めるとともに土地の買収を朝日村に申入れた。地元住民には反対意見も少なくなかったが、これらの入会地も直接利用する者が少なくなったためか、朝日村議会は昭和五八年に、ダム建設用地としてこの土地を国に売却することを議決した。その後、土地所有権移転登記手続きが行われ、国は平成七年までに朝日村に対して六億円余の土地売却代金、補償金などを支払った。この国から朝日村に支払われた補償金などについて争いが生じたのである。

もと本郷村六集落の人々のうち有志、菅原さんたちは、昭和六〇年、この土地はもともと六集落の入会地であるからその売却代金は当然集落の入会権者に支払われるべきだ、と朝日村に申入れた。ところが朝日村は、この土地は朝日村所有の土地で村民に入会権など認められない。しかし、もと六集落の共有地であったから、この代金の一部で何かの施設をつくるから、それでどうか、という返答をしたが、その代金の行方や、入会権の存否などをめぐって紛争になった。

昭和六二年、旧本郷村六集落の入会権者たちが国と朝日村とを相手として、ダム建設用地として買収された土地のうち水没地ではなくその両岸の土地について入会権を有することの確認を求める訴えを提起した。この裁判の原告（選定当事者）は各集落の代表、菅原さんたち九名で、実際に裁判に参加した人（選定者）は三一五名であった。

第一審山形地方裁判所鶴岡支部は平成一〇年一月三〇日に、この土地は昭和七年ごろ、いわゆる部落有林野統一によって、各部落共有であったのが朝日村（当時本郷村）所有となった、その後、村の統制が強化され、村民は村の許可を受け産物採取するようになり、ダム建設の説明が住民に行われた昭和五一年ごろには集落住民は入会権放棄を追認した（事実上放棄した）、という理由で住民の請求を認めなかった。いつ放棄という事実があったかは示されていない。

「いまダムの完成によって入会地が水没したから入会権の消滅を確認した、というなら話は分かりますが、過去の放棄を追認した、とはどういうことですかね」とは調査に参加した江渕武彦島根大教授の疑念だが、全くその通り、この裁判官、過去の夢を見ているのではないだろうか。現地には昭和四〇年ごろまで住民が炭焼きしたかまどの跡が点々と残っており、昭和一〇年代から三〇年代にかけて燃料や食糧自給のため人々がこの入会山に入っていたことは疑うことのできない事実である。また朝日村では、統一によって村有となった林野の一部を、入会林野整備事業によって地元集落に還元しており、事実上その一帯が集落の入会地であること、つまり入会権の存在を認めているのである。全くおかしな判決である。

そこで住民たちは朝日村だけを相手として、入会権の確認と、国から村へ支払われた補償金の返還を求めて控訴した。ダム設置の土地はもともと本郷村六集落住民共有入会地であったから、土地買収によって国から村に支払われた補償金は集落住民が受取るべきものだという理由で、国から村へ支払われた金額全部でなくその五五〇分の三一五の支払を請求した。全額でなかったのは、この訴訟に参加した人(原告)が入会権者全員でなく、六集落約五五〇人中三一五人であった(しかなかった)からであった。

平成一二年五月二二日、仙台高等裁判所秋田支部はこの三一五名の請求を認めなかった。入会権の確認については第一審とほぼ同じ理由で棄却、補償金の請求については、入会権消滅の対価の請求は入会権者全員でしなければ駄目だという理由で認めなかった(却下――いわゆる門前払い)。

この裁判で私が気になったのは、裁判の実際の原告選定者=訴訟参加者が少ないことである。入会権者全員が五〇〇名を超えており、その中で二〇名や三〇名程度裁判に参加しない者がいるというのであればともかく、五〇〇名中二〇〇名近くが訴訟に参加しなかった、というのは甚だ問題で、このことがこの裁判に重要な影響を与えたようである。

なぜ全員が裁判に参加していないのか、と尋ねると、「村や国を相手にする裁判だから、役場の職員や出入りの業者、そしてこのダム工事で働いた人などが参加しなかったね」と難波さんの答えだが、「立場上裁判に参加できない人もいるでしょうが、参加しない者が多すぎるような気がする。菅原さんは元村会議員だし、原告の一人は元村長で、ほかに元役場職員の人もいるとのことですが、それでも……」と私が言うと、菅原さんがこう説明された。

「それは議員や村長をしていると反対派がいる。でも一番大きな原因は、ダム用地として個人が所有している山林を売った者がいて十分補償金をもらっているから、この人たちは裁判に参加しなかっただけでなく、周りの者たちにも参加させないように動いたことだね。それにいろいろ人間関係があるからね」

入会地がダムやゴルフ場などとして開発利用されようとする場合、その当否をめぐって入会権者の意見が分かれることが多い。したがって設置に反対する入会権者が入会権確認を求めて事業者を相手とする訴えを提起する場合、入会権者全員が原告として訴訟参加できないことが多い（というよりそれが当然で、全員原告になれるような場合ならば、反対、確認などの訴訟を提起する必要がない）。

そのとおり、ある土地が入会地であるか否か（入会権存在）の確認を求める裁判は入会権者全員で提訴しなければならない。ただ、裁判に参加できない入会権者がいるとき、その者たちを一緒に相手方として裁判を提起すればよいはずである（この趣旨はのちに最高裁判所で認められた）。この場合、入会権確認の訴えに参加しない入会権者は、自分自身が入会権者である限りその土地が入会地であるか否か、いわば白か黒かを決めなければならない立場にあるからである。

ところがこの場合のように補償金支払請求の裁判には、訴訟に参加しない入会権者を相手にすることはできない。なぜなら、その非参加者である入会権者がたとい町村の職員であっても、その人は補償金を支払う立場にないからである。

だからといって、この訴訟のように補償金の何分のいくつという支払請求は認められない。補償金は入会集団全員の共同所有（管理）のもとにあり（つまり集団＝集落としての収入）、全員の同意による以外は配分することはできないからである。入会権者中何名かが勝手に補償金の何分のいくつかを請求することができないことは自明の理であろう。

そうすると市町村有の入会地について入会権者中に市町村職員や関係者が必ずいるであろうから、そのようなとき、市町村は入会地を第三者に貸付けて収入があったときでも入会集団に持分相当の金額を払わなくてもよい、ということになる。裁判所はそのような不合理を認めているのであろうか。

湯田川温泉（大塚せつ子さん提供）

追録――鶴岡の奥屋敷、湯田川温泉

ひとまず事情が分かったところで、今後どうするかを相談するため、鶴岡市の奥座敷といわれている湯田川温泉に泊まることになった。鶴岡市の中心部から西へ向かう街道を少し南へ入ると、余り広くない道路の左右に

和風旅館が立ち並び、いかにも温泉街らしい。この湯田川は藤沢周平ゆかりの地として名を馳せ、映画化された「たそがれ清兵衛」のロケ地となったところである。

鉄筋三階建ての和風旅館「甚内」に泊まることになり、夕飯時にここの女将からいろいろ話を聞いた。この女将、甚内創業八代目の女将だそうで、甚内も二〇〇年以上の歴史をもっていることになる。甚だ博識で、ここ湯田川の歴史のほか藤沢周平についても話をしてくれた。彼は本名小菅留治《こすげとめじ》といい、山形師範学校を卒業後、ここ湯田川中学校で教壇に立った。しかし間もなく発病、退職して上京。病気療養中に、中学在住中に可愛がっていた女の子が何度となく（その母親と一緒に）上京し見舞いに来てくれた。そして快復後、その女の子と結婚したのだが、その女の子の実家のある集落が、この湯田川集落の東にある藤沢集落であった、とのことである。

郷里は会津です

福島県耶麻郡猪苗代町

平成二一年一一月

「あなたの御郷里はどちらですか」
「はい、会津です」
他人から実家や出身地を、また出先や旅先で現住所や出身地などを聞かれたときに、都道府県名や市町村の名称以外の地名で答えられるところがいくつあるだろうか。もっとも薩摩、土佐、信州ですなど、旧国の名で言うこともある。しかし「国」も国司という役人がいたからいまの府県のような行政体だともいえる。そうすると府県国市名なしで言えるのは「会津」のほか「津軽」があるくらいのものであろう（私も他所で住所や出身がどこか、と聞かれたら「博多です」と答えている）。

会津の名ですぐ思い浮かぶのは「……これぞ会津の落城に、その名聞こえし白虎隊」という小学校のとき覚えた歌、白虎隊の少年、そして世界的に著名な医学者野口英世博士だ。その野口博士の出生地は会津の東部、猪苗代《いなわしろ》町の猪苗代湖畔近く、三城潟《さんじようがた》というところで、ここに博士の功績をしのぶ野口英世記念館が建てられており、その記念館本館の隣には野口博士の生家が保存されている。

ここ博士生誕の地は当時翁島《おきなじま》村といったが、昭和三〇年に猪苗代町に併合された。猪苗代町は南に猪苗代湖、北に磐梯《ばんだい》山と、ともに会津を代表する山水を控えた景勝の町であるが、古くから要衝の地でもあった。

この町のほぼ中心、町役場のある城南地区は磐越西《ばんえつさい》線猪苗代駅から一・五キロメートルほど離れているが、かつて磐越鉄道はこの町の中心近くに乗入れる計画であったのを、当時猪苗代町が拒否したといわれている。そのため磐越線の線路は猪苗代駅の東西約一〇キロメートルが一直線となっている。

その町役場のすぐ近くに亀ケ城公園という平山城址がある。これは中世以降当地を支配していた猪苗代氏の居城で、戦国期には伊達に属し、その後、蒲生《がもう》、上杉、加藤のあと若松の保科《ほしな》＝松平の支配下と

会津民俗館の旧佐々木家住宅
（会津民俗館提供）

なり、一国一城の令の後もここに城代が置かれ、会津藩東のかなめの役を果たしていたという。ちなみに会津松平藩の藩祖保科正之を祀った土津《はにつ》神社は亀ケ城のすぐ北に鎮座している。また、会津の城が「鶴ケ城」、この東の出城（?）を亀ケ城と呼ぶのも興をひく。

私はここで、この辺の家のつくりについて少しばかり話を聞いた。というのは、野口英世記念館の隣に会津民俗館があって、そこに会津の古い民家が保存されており、その中でいささか理解できないところがあったからである。ただ、この民家はもともと猪苗代湖畔にあったものでなく、南会津の名主（肝煎）の家を移転させたもので、明治初期には村役場として使われていたというほどの大きな家であるから、会津の農家一般とはいえない（言っては失礼だが、野口英世記念館に保存されている野口博士の生家に比べればはるかに広大である）。

私がそこで不思議に思った点は二つ。その一つは囲炉裏の座についてである。いまこの地方でも囲炉裏など使う家はなく、私の実家でも囲炉裏はなかった。ただ昭和二〇年代後期、南九州の農家で見聞きしたことと違っているからである。囲炉裏は家の土間（にわ）に面した客間に仕切られる。そして四方、土間に一番近い（土間と平行になる）座が客座、つまり客人の座、その右が横座で主人の座るところである。その右（つまり客座の正面）がかか座で主婦の座、客座の左が木尻といって、その他の家族や使用人たちの座である。横座が客座の右にあるのは、囲炉裏の仕切ってある家は上層農家や苗字帯刀を許された家などであり、もし客人が不埒《ふらち》な行動に及ぼうとするとき、いつでも主人が抜刀できるように横座は客座の右なのだ、と聞かされた。ところが、ここでは横座が客座の左側なのである。なぜなのかを尋ねると、「家の大黒柱である主人の座、つまり横座は家＝建物の大黒柱の近くでなければならない。だから客座の左にあるのです」という答えをいただいた。日本の北と南とで右と左と違うのか、と思ったが、右左はともかく抜刀を理由とするより大黒柱を理由とする方が説得力がある（ただ、昭和六二年に訪れた秋田県田沢湖町では、ヨコザは囲炉裏の右であった。なお、カラーブックス『日本の民家』〈牧田茂著、保育社、昭和五九年〉には、「上り口から見ていちばん奥の席を「横座」と呼んで、一家の主人の坐る席としているのはほぼ全国的である」と書かれているが、はたしてそうであろうか）。

いま一つ疑問に思ったのは、この家では隠居部屋が二階にあることである。その理由として、この地方では冬は雪深いので屋敷内に別棟を構えることができないため、母屋の中、それも二階を充てるのだということである。私の郷里では雪は関係ないが、母屋の土間をはさんで「向部屋」があり、そこを隠居間にしていることが多い。ここでもそのようにすればよいと思われるが、この家の土間には作業場や馬舎もあるので、隠居部屋をつくり難いのかもしれない。二階といっても、梯子段を一〇段余り上り下りするだけであるが、近代的な一室と違ってそこには水もあるわけではなし、用足しは階下まで下りなければならない。年輩の私としてはそれが一番気になるのでそのことを言うと、

「このあたりは農作業もはげしいので、隠居するのも四〇代から五〇代で隠居するから、昼は外か囲

炉裏の近くにいることが多く、夜寝るとき以外上り下りすることは多くないので余り問題はありません」

とのこと。ひとまず合点したが、

「でも隠居さんもいつまでも若くはないでしょう」

と素直に重ねて質問すると、

「さあ……、ともかく、このような家は例外で、ふつうの農家では隠居の間などなく、夜、当主夫婦だけは一室で寝ますが、その他の家族はみな囲炉裏のある間で休むので、隠居さんも年をとってくると下に降りてくるのではないでしょうか」

という答えをいただいた。

原発を拒否した町——誰も使うことができない土地

新潟県西蒲原郡巻町（現新潟市）　平成一五年一月

原発（原子力発電所）設置を拒否したことで名を馳せた新潟県巻《まき》町は新潟市の南、日本海に面し、童謡「海は荒海、向こうは佐渡よ」の文句のとおり佐渡島が間近く見えるところにある。もっとも巻町の東部大半は見渡す限りの越後平野の米どころの中であるが、海岸近くは海抜二〇メートルほどの砂丘で、その砂丘を背後に海に面したところが原発予定地とされていた、ここ角海《かくみ》浜である。

　原発反対の町民運動の世話人だった酒類商店主の田畑護人さんに案内されてこの角海浜に来てまず驚いた。廃村とはこういうところをいうのであろうか。全くの無人村で、聞えるのは波の音ばかりである。日本海に面して、高さ一〇メートル余の「へ」の字型の砂丘が連なる。かってはその斜面に民家が並ぶという状態であったと思われる。いまは家（建物）が一軒もなく、全くの廃墟である。その中に一か所、墓地（と思われる土地）がある。これこそ原発設置を拒否した最大の拠点なのである。この土地が田畑さんはじめ原発反対派二三名の共有地で、それ以外この一帯は東北電力株式会社の所有地となっている。

東電敷地であるため無断立入を禁ずるとある

　この角海浜は藩政時代の一村で、明治二二年町村制施行にあたって独立した角海浜村となった（当時約一〇〇戸）。明治三四年北隣の五ケ浜村と合併、浦浜村となり、昭和三〇年に巻町に合併された。生業は漁業のほか副業として製薬——毒消し薬をつくり、冬期は〝越後の毒消し〟として関東一円を行商して歩いたという。「中には集団で行商し、行った先で一戸を構え、そこに定住する者もあったのですよ」とは田畑さんの談。そのため角海浜の世帯は次第に減り、この原発設置問題が生じた昭和五五年ごろは三〇戸ほどに減っていた。

東北電力はすでに三〇年以上前からこの土地を原発設置予定地として用地の買収を進めていた。田畑さんの話によると、観光開発の名で土地の買収が進められ、昭和五八年ごろには、この土地以外角海浜の土地はすべて事実上東北電力が買占めていた。漁業権放棄も終わり、あとはこの墓地が残っているだけであった。

その約一〇年後、原発問題が再燃し、電力会社が当時の町長にこの土地（土地台帳上角海浜村持を昭和六二年、巻町名義で所有権登記）の買入れを申出て町長もこれに応ずる姿勢を示したので、これまで原発反対の運動を進めてきた人々が田畑さんを中心として、原発建設の賛否を問う自主住民投票を行うべく「住民投票を実現する会」がつくられ、多くの人がこれに賛成して、原発建設の賛否を問う自主住民投票が行われ、その結果、反対が多かった。

「その実現する会の会員は何名くらいだったのですか」と私が尋ねると、

「さあ、多かったことは確かだが、何名だったかは分からないね。もともと会員名簿というものはなかったし、また会費制でもなかった」

「それはまたどうしてですか」

「会員制にして会員名簿をつくれば、誰が原発設置反対かが分かる。それでは一種の踏み絵となる。だから会費というものもない」

当時、土建業者や電気関係事業者など原発設置推進派が幅をきかせ、この会員つまり反対派だと思われるといやがらせを受けたりするし、田畑さん自身がこの運動を始めたときに不買運動を起こされている。そして当時、町長が、ということは巻町が設置賛成の立場をとっていたから、町の職員や町の出入りの業者は、設置反対であってもこの会の会員として名前を連ねることは躊躇せざるをえなかっただろう。会員がなければ会費もないのは当然だが、運動資金は無名の会員からの浄財で賄ったという。

この自主住民投票の結果、原発設置反対が多かったのを見て、東北電力は当時の巻町長にこの土地の買収を申入れた。

角海浜（田畑護人氏提供）

電力会社の申入れを受けた町長は平成七年二月、この町有地を売却するため議会を招集した。ところが原発反対の人々がおしかけ議会は流会した。その年の六月、住民投票条例が可決され、同一〇月住民投票の結果、原発賛成であった町長は辞任、翌八年一月に住民投票派の笹口町長が誕生した。

そして新しい町長のもと、原発誘致の是非を問う住民投票が行われ、投票率八九％という高率のうち原発反対が六一％（七万二四七八票）、賛成三九％（七九〇四票）という結果で、圧倒的に反対意見が強かった。こうした状況の中、田畑さんたち反対運動の主力であった人々は町長に対して、残っている旧墓地の買受けを申入れた。この土地の所有名義をいまのままにしておくとどう取扱われるかも分からないし、自分たち反対派の土地にしておけば絶対に原発用地として電力会社が買うことはできない、と考えたからであった。

笹口町長はこの申入れを受け、この土地を田畑さんたちに売却する旨決定し、平成一一年八月、入札することなどなく随意契約で田畑さんたち二三名に売却した。その売却代金は以前東北電力が申入れた買受価格を上回るものであった。

一方、原発推進派の人々はこの措置を不満として、翌一二年に五名の者が町長とこの土地を買受けた田畑さんたち二三名を相手として、町有財産であるこの土地を売却するには競争入札手続きによるべきであるのに、それをせず随意契約で売却したのは違法である、したがってこの土地の所有権移転登記は無効であるから町長がその抹消登記手続きをとらないのは地方自治法に定める「怠る事実」に該当する、そして買受人たる二三名は所有権移転登記の抹消登記手続きをせよ、との訴えを新潟地方裁判所に提起した。

これに対し裁判所は、平成一三年三月一六日、住民投票の結果が原発誘致反対、したがって本件土地の東北電力への売却反対であったという町民の意見に沿って随意契約による売却をしたものであり、仮に本件土地を競争入札に付した場合、東北電力もしくはその意向を受けた者が、財力にものをいわせて高額の代価で落札することがあれば町民の意思に反し町内の混乱を招くことは容易に想像できることであるから、本件土地を競争入札によらず随意契約で売却したのは不当ではない、といって推進派原告の訴えを退けた。推進派はこの判決を不満として東京高裁に控訴したが、控訴棄却、さらに最高裁で上告不受理と、一応争いは終わった。

さらに田畑さんの説明である。

「いま二三名の共有となっているが、この土地を買受ける資金はこの人たちだけでなく原発に反対する会の人たちも拠金しているから二三名だけの個人的財産ではない。こうして皆で買ったのだが、肝心の土地は全く使うことができない。全く使うことのできない土地を資金《かね》を出して買ったのですよ」

いささか半畳気味だが、私が、「その、誰も使うことができない、原発のような危険なものをつくることができない、というところに、大きな価値があるのではないでしょうか」と言うと、田畑さん、

「まさにその通り、誰にも使わせないところに価値があるわけだね」

温泉をダムで沈めるな——やんばダムの行方は？

群馬県吾妻郡長野原町　平成一九年一一月

やんばダム——八ツ場ダムと書く——が関東第一の巨大ダムで、計画立案から五〇年近く経ったいまでもまだ本体工事に着工できていない、ということを聞いて、どんな事情があるのか知りたかった。それと、その近くにある川原湯《かわらゆ》温泉がダムによって湖底に沈むと聞いていたが、平成一九年秋にその所在地群馬県長野原町を訪れて話を聞くことができた。

その長野原町へは上越線の渋川駅から西へ分岐する吾妻《あがつま》線という支線で向かうことになる。この線は

以前、長野原線といって、長野原までは昭和二〇年一月に開通している。これは敗戦間近い時期、鉄資源輸送のため開通が急がれたからである。いまはさらに西に大前という駅まで延びているが、この線の列車は上越線高崎駅から乗入れ直通運転している。

秋の日も暮れたころ、長野原駅の一つ手前、川原湯温泉駅に着いた。駅名は川原湯だけでよく、川原湯温泉などと付けない方がよいと思う。最近あちこちに〇〇駅でなく〇〇温泉駅と改称するところがあるが、その駅が小さな温泉街の入口にあるならばともかく、その市や町に温泉があるからとて、改めて温泉ということばを付け加えない方がよい。また川原湯のように温泉（出で湯）と分かるような駅名では長い分だけ余計だと思われる。

その駅は、吾妻川右岸の谷間にあるが、予約しておいた丸木屋旅館は右岸段丘の中腹にあった。温泉街というほど華やかではなく、温泉旅館（ホテルではない）が道路をはさんで十軒余り立並ぶ、しっとりした温泉地という感じである。ただ、川原湯というから吾妻川の川原に温泉があるのかと思ったが、そうではなかった（川原に出で湯――共浴温泉――のあるところは少なくない）。宿の浴槽に入ろうとするが、湯の熱いこと、熱いこと。もとより自噴で加熱などないが、とても入れたものではない。水道の蛇口もある。水道から水を出しながら湯に入ろうとするが、熱くてどうしても入れない。仕方なく入湯をあきらめた。私もこれまで各地の温泉に行ったが、肝心の温泉に入湯できなかったのは初めてである。あきらめて明日もう一度挑戦をすることにした。

翌朝、部屋の窓を開けると、吾妻峡谷両岸の紅葉が目の醒めるように美しい。朝食後、まず近くに鎮座する川原湯神社（無人社）にお詣りする。小さな祠で鎮守の社かどうか知らぬが、温泉の神様である。そこから下って川原湯温泉駅から列車で次の長野原草津口という駅で下車する。ここも以前は「長野原」という駅であったが、これも何かに右にならえで、草津口という名が付け足された。有名な草津温泉の入口ということを示すためには良いかもしれないが、いずれにせよ駅名が長たらしくなるのは御免蒙りたい。

吾妻渓谷（Photo by Ⓒ Tomo.Yun http://www.yunphoto.net）

この駅から吾妻川沿い上流約一キロメートルの位置、この町のほぼ中心部にある長野原町役場を訪れ、やんばダムについて話を聞いた。このダムの本体は、川原湯温泉からさらに川を二キロメートルほど下った、隣町との境界近くの八ツ場という地区にいま建設中であり、長野原駅のすぐ下手からダム本体の間、この吾妻川の両岸約七キロメートルの間が全部水没する、というのである。もとより川原湯温泉も全部水没することになる。そしていま吾妻渓谷の背後の山の上左岸に新しい国道の建設工事が、右側に鉄道の代替路線建設工事が進行中とのことである。

このダム建設に反対運動はなかったか、と尋ねると、それは少しはあったけれども結局みな賛成した、という返事である。もっともすでに四、五〇年前のことで、しかもここは歴代総理のおひざもとだ。それはともかく、あの川原湯温泉が川底に沈んでしまうのは何としても残念で、このまま残してもらいたい、とダム対策係の人に私が言うと、いささか意外な返事をもらった。

「いまの川原湯温泉地が沈んでも、すぐ後ろの丘の上に新しい温泉街の建設が予定されており、湯の施設も確保されています。いまの狭い谷間での温泉よりも、広々としたところで横に池（ダム）を、遠くに山々を眺められる温泉の方がいいのではないですか」

それは違う。川原湯は、秋は紅葉の、春は新緑の谷間を眺めながら、渓流のせせらぎを聞きながら入る温泉であり、それでこそ心をいやす〝出で湯〟であると思う。そう思う人は少なくないはずである。

このやんばダムは総工費八八〇〇億円という日本一高価なダムである。このうち約半額は地元群馬県はじめ東京都を含む利根川流域の六都県で負担することになっているが、はたしてこれらの自治体にそれだけの出費を負担する十分な財力があるのだろうか。

その日も終わり、宿へ帰って今夜は何とか湯に入ることができた。そのあとで旅館の主人から少しばかり話を聞いたが、ダム本体の工事はなかなか進まないとのことである。本体ができればこの辺りは水没するから、そのときは立退かなければならないが、みなその準備はできていない。誰も移りたいと思っていないから、と。それはそうであろう。水没に関係ない人々がダム建設に賛成し、水没の被害を蒙る者が反対する、これは当然だ。数の多い方が勝つというのがこの社会のきまりであろうか。でも、いま全国的にダム見直し論が高まってきている。この自然の美しい川原湯が川底に沈むとはまことにもったいない。

「ソ連が、社会主義国が崩壊し、マルキシズムも破綻した。だから、丸木屋が沈むのも見直さなければならないのではないですか」と私が言うと、丸木屋のご主人、分かったような分からないような顔をしていた。

平成二三年一〇月

追記

平成二一年、政権交代によってダム建設事業の多くが見直されることとなった。そのうちの一つ、最も大規模なのがこのやんばダムなのである。今後の動向に注目したい。

一方、ダム工事の完成によって利水、発電の恩恵を受ける関係自治体の長たちは、工事の維持を要望し、政府も方針をぐらつかせ、工事の再開を考慮しているようだ。新聞紙上にも一般の読者からの工事の継続を要望する投書が載せられている。これらの事業継続主張者は自分の家や土地が沈んだりしなくなったりする心配がない人々である。いずれにしても美しい川原湯温泉は残して欲しい。

あわ（安房）の国での話　千葉県館山市

平成一三年六月

日本六十余州のうち「あわ（あは）」という名の国が二つある。安房と阿波で字も異なり、位置も離れているので迷うことはないが、阿波の国は四国のうちの一国、現在徳島県全域となっている。しかし房州と呼ばれているここの安房は千葉県房総半島南端の一部を占めるにすぎない小国。離島は別として他に志摩、伊賀などがあるけれども、小国は小国なりに独立する必要があったのだろう。養老二（七一八）年に上総国《かずさのくに》から独立したとされている（一度併合されたがのち再度独立）。

平成一三年初夏、久方振りにこの安房の国を訪れた。というのは五、六年前、漁業の問題でこの半島東南端の白浜を訪れたことがあったからである。今回は館山駅から真っ直ぐバスで安房国一宮である安房神社に参詣し、そこで神職から安房国についての由緒を少しばかり教えていただいた。社殿は神明造り檜皮葺《ひわだぶ》きで、うっそうと茂る老樹に囲まれている。

ちなみにこの神社の所在地名は、館山市大字大神宮、明治町村制以前は安房郡大神宮村だった。神社の由緒記によると七〇〇年代の初頭、四国阿波の忌部《いんべ》族当地に入り開拓したのが始まりであるという。確かに、阿波、紀伊の海人族が黒潮にのって当地に来たことは事実であるし、その後も続いたと思われる。それを示すかのように、紀伊、伊豆そしてここ安房の白浜、そして阿波の勝浦、紀伊勝浦、安房国に接する上総の勝浦と、同じ地名がいくつかある（阿波の勝浦は海岸ではなく若干山の中に入ったところにある）。

ここ大神宮からバスで海岸沿いに半島の最西端洲崎《すのさき》へ行く。灯台で有名なところであるが、その近くに鎮座する洲崎神社に参詣する。石橋山合戦に敗れて安房に逃れた源頼朝が参詣して源氏の再興を祈願したのが、この神社であるといわれている。「安房国一宮洲崎大明神」で祭神は安房神社祭神の后妃だそうであるが、安房国に一宮が二社あることになる。だが、これは他にも例があり、現に私の住む筑前でも筥崎宮と住吉神社の両社が筑前一宮と称している。

かくして両一宮参詣ののち館山駅の方に戻ろうとバス停に行くと、あいにく次の便までは大分時間がある。ここでじっと待っていては日が暮れる。すぐ近くの雑貨店で、タクシーを呼びたいので電話をかけさせて欲しい、と頼むと、その店主（らしかった）、どこに行くのか、と尋ねる。館山の駅まで、と答えると、「それなら私もいまから館山の街まで行くので、私の車に乗って行きなさい」と言う。これは有難い。

どこから来たかも分からぬ男（ただし人相は悪くない）に対して自分の車に乗ってゆけ、というこの親切さ、一人旅をしていてこのくらい嬉しく記憶に残ることはない。二〇年ほど前の初春、京都で貴船神社に参拝の帰途、電車の駅まで約一キロほど一人で歩いていると、後からやって来た軽トラックが私の前で停車して、四〇代の運転者がどこまで行くのかと尋ねるので、貴船口駅までと答えると、それならこれに乗ってゆけと、親切にも、京都市街の入口ともいえるところまで私を乗せていってくれた親切を思い出した。この車も軽トラで、多分このご主人、商売の仕入れに館山市街に行かれるのだろうと思うが、何よりもこの親切が有難かった。それだけに夕陽に映える館山湾（鏡ケ浦）がひとしお美しい。

この東京湾の内海に面している海上自衛隊の航空基地となっているところは、戦前、海軍砲術学校などの重要な施設が置かれ、東京湾入口の護衛の役割を担っていた。

翌日、館山市街のすぐ南の位置にある上真倉《かみさなくら》の川名秀夫氏方を訪ねた。同氏は最近物故され残念なことに面識はないが、お礼かたがた身内の方に最近の事情を聞きたかった。お礼とは二年ほど前、同氏から上真倉区であった入会地の裁判についての経緯、終始をまとめて執筆した冊子を送っていただいたからである。

その裁判とは、上真倉集落（もと上真倉村）持入会地での事件で、明治年間に集落代表の名で所有権保存登記された土地が上真倉住民の共同入会地であることを示すため、その相続人を含めた集落の役員一六名共有で所有権移転登記したところ、一部旧郷（現上真倉集落は、旧上真倉郷ほか二つの郷がある）の人々が、この土地は旧郷の者の共有地だと主張して、一六名の登記名義人を相手として所有権移転登記請求の訴えを昭和四二年に提起したことによるのである。川名氏はその登記上の共有者の一人で、当然被告となった。結果は原告敗訴、控訴棄却で、川名氏たち集落共有派が勝訴した。これが同氏からの冊子で得たこの訴訟のあらましである。実際、裁判上被告側の指導役であったようで、その経過、とくに川名氏が提出した書面、書証中、拙著『入会林野の法律問題』から多く引用したからと、この冊子を送っていただいたのだが、判決文中それが採用されているので甚だ光栄だ。

幸い夫人にお会いしてお礼の言葉を述べるとともに、その後の事情をお尋ねすると、余りよく事情はご存じないようであるが、「主人はあの裁判のとき集落の役員をしていて裁判にはずいぶん肩入れしていました。とにかく裁判に勝って機嫌がよかったですよ」と話していただいた。

この訴訟で争われた土地は上真倉集落から大神宮に直行する道の傍にあり、雑種地のままである。このほかに上真倉入会地をめぐって他に一、二裁判があったが、そのうち宅地化したところもあるようだ、とのことである。

ここ房州は枇杷《びわ》の名産地、頃は六月、ちょうど出盛りのときだ。お土産にと新鮮な枇杷をいただいて帰ることになった。このお土産を抱えて帰りは館山駅から東京駅まで直行する「房総特急」に乗ったが、この特急、決して〝暴走〟しないので念のため。

平成一四年五月

かけ足と五分前　神奈川県横須賀市

横須賀市は東京、横浜の南、東京湾の入口近くにあって、アメリカ海軍の基地や日本の海上自衛隊などが置かれているが、かつては日本海軍の軍港があり、鎮守府（海区を管理し、かつ兵員を管理する海軍の官庁で、他に呉、佐世保、舞鶴にも置かれていた）のほか、海兵団、海軍の学校が置かれ、海軍の町であった。横須賀は東京湾内の町であったが、戦前にペリー上陸で知られる久里浜町など、近隣の町村を合併し、三浦半島をへだてて東京湾とは反対側の相模湾に面するところまでその市域を拡大した。その相模湾に面する武山というところを、私は五十数年ぶりに訪れた。

というのは、戦争も末期に近い昭和一九年、ここに置かれていた武山海兵団で私は約一か月半鍛われたからで、いわば母校訪問か、あるいは古戦場探訪でもあった。

昭和一九年八月初め、私は三重県香良洲《からす》町（津市と松阪市の間）にあった三重海軍航空隊に入隊した。

これは海軍予備生徒試験に合格し、その一員として採用されたためである。私は飛行機には乗りたくなかったのだが、幸いなことに適性検査の結果「飛行不適」となり、同様に適性検査不合格となった約一〇〇名は横須賀の海兵団行きということになった。入隊五日目の夕刻、軍帽、軍服、短剣などと衣類の入った衣嚢《いのう》（一貫目以上あった）をかついで、参宮線高茶屋《たかちゃや》駅から東京行きの夜行列車（当時東京―三重県鳥羽を結ぶ夜行列車があった）に乗車。翌朝、東海道線大船駅で横須賀線に乗換え、横須賀の次の駅、衣笠駅で下車。横須賀駅からさらにこの次の終点駅久里浜まではその年の四月に開通したばかりで、長い間、横須賀線の終点は横須賀駅であった。東京から横須賀行きの電車に乗り眠りこけていた乗客が、「よこすかー」（寄越すか）という声に驚いて眼をさましたところ、「終点ですよ」と言われてあわてて下車したという小咄を聞いたことがある。

そこから相模湾岸にある武山海兵団まで約七キロメートル、歩くのに大した距離ではないが、標高差五〇メートルもあろうかという峠越しの坂道を、一貫目以上ある衣嚢をかついで、午前中とはいえ八月の暑さの中を朝食抜きで歩かされたのはかなりきつかった。武山で一か月半鍛われて、九月下旬、中国の旅順（当時は日本支配下）に行くため再びこの道を戻ることになったのだが、そのときは海軍予備生徒として正規の軍帽、軍装で、やはり衣嚢をかついで歩いたのだが、少しも重たいとは思わなかった。

いまは衣笠駅前からバスで三〇分足らず。自衛隊前で下車、ほぼ相模湾岸沿いに南北に走る道路の西側、すなわち海側が自衛隊の基地で、長い擁壁がつらなっている。いま陸上自衛隊駐屯地となっているが、これが昔の武山海兵団のあとで、私たちがいたのはこの最も南の端だったから、擁壁沿いに道路をずっと歩いていった。

その壁も尽きるころ、確かこのあたりが我々の兵舎のあったところと思われるが、いまは戦車学校となっている。よく分からないが、幸い道の向い側に古くからあったような雑貨屋があり、その店に入っておばさん（私とほぼ同年輩）に尋ねてみた。その方は終戦前からずっとここにおられたとのことで、私がここに海兵団があったということをご存じかと尋ねると、

「そうだね、私の若いときは海軍さんがいたね。いまは陸軍さんの学校になっているけれど、昔の海軍さんの方がスマートだったわね」

「はあ、そうですか」

それ以上の話は聞けなかったので、私はいま来た道を逆に北に向かって歩いてゆく。これも壁のほぼ尽きるころに門があり、そこに水兵姿の若い男女が入ってゆくので、おそらく自衛隊の学校だろうと思って門の中に入っていった。私は自衛隊に対する知識は全く持ち合わせがなかったが、建物の手前に衛所というべき受付があり、そこで兵曹と思われる自衛官に、私は五〇年前ここにあった武山海兵団で鍛われた者で少し話を聞きたい、と告げたら、すぐ応じてくれた。この人は海曹すなわち海上自衛官であったので、話は通じやすかった。といっても昔の海兵団の思い出話ができるわけでもないので、現在の話を聞くことになる。

ここは自衛官の養成学校で、生徒と思われる水兵姿の青年が三々五々帰隊していた。女子生徒も含めて水兵姿をしているからとて、ここは海上自衛官のみの養成機関ではなく、兵曹相当の自衛官の基礎教

育機関であるそうだ。以下、私とその海曹との問答である。

「女子の生徒は主として看護科や主計に行くのですか?」

「いや、そんなことはありません。ふね(軍艦)にも乗りますよ」

私が潜水艦——正しくは潜航艇——乗りであったことを告げて、

「では女子も潜水艦に乗りますか?」

「いや、それはありません。海上勤務だけですよ」

なるほど潜水艦は水中勤務か。

「私はここでの一か月半の基礎教育で、カッターのほか『かけ足』と『五分前』をたたきこまれました。七〇歳を超えるとカッターを漕ぐことはなくなりましたが、かけ足と五分前はまだ守っています。ところで、いまの生徒諸君(自衛隊員)は如何ですか?」

と尋ねると、

「カッターはまずまず、五分前もほぼ守られているが、かけ足の方が余りパッとしませんな」

という答えをいただいた。

「かけ足」は、軍艦内外の作業は敏速を要するので、私たちは海岸のカッターのあるダビットと兵舎の間はいつもかけ足で、兵舎に入っても階段の昇降はかけ足でなければならなかった。私のかけ足などごく短い距離しかできないが、いまの若い人たちがかけ足が苦手というのは如何なものであろうか。

守られている「五分前」というのは、元来艦船の出航時刻の五分前には全員乗艦しておけということで（出航時刻に遅れても船は待ってくれない）、集合するときは所定の場所に五分前までに行っていなければならなかった。いまの（私にとって）五分前は、所定の場所に指定された時刻の五分前に到着し相手を待たせない、ということなのである。いま、会議などの開始時刻に遅れて平気な顔をしている者もいる。時間に間に合わないのが止むをえないときもあるだろうが、とくに集団で見学などのためバスで出かける場合に出発時刻に遅れてくる者がいるのに遭遇すると、「五分前」とやかましく言われた海軍時代を思い出すのである。

みのぶの緑と清流を守れ

山梨県南巨摩郡身延町北川

平成一九年四月

「信玄公のかくし湯」として知られた甲斐の国下部《しもべ》温泉は富士川沿いの、法華の総本山のある身延《みのぶ》から支流を入った谷間の湯である。信玄公が入湯して傷をいやしただけでなく、部下の将兵にも治療のため入湯させたとのことで名を知られている。平成一六年九月、いまの身延町の一部となるまでは西八代《にしやつしろ》郡下部町であったが、越郡(?)合併して南巨摩《みなみこま》郡身延町となった。その下部温泉とはいわば隣の渓谷に北川という集落がある。この北川集落（北川組持）の入会地が産廃処理場つまりごみ処理場となるか否かで裁判となっているので協力して欲しい、といわれてこの下部町にやってきた。

身延から甲府へは富士川沿いが本筋で国道も川沿いに通っているが、鉄道身延線は下部温泉への便を図ったためか支流常葉《ときわ》川の渓谷沿いに走っており、これに沿ってその脇街道といえる県道が通り北川集落はその街道沿いにある。その街道をさらに遡ると左右に山がせまり、これから峠道にさしかかるというところの杉林に「みのぶの緑と清流を守れ」という立札が立っている。

この一帯、杉・檜ほか緑の山々で、また清流も健在である。緑と清流は守られている。県道が通り自動車の往来は絶えないけれども、ともかく緑がそして自然が守られているこの土地に改めて「緑と清流を守れ」という主張、呼びかけがなされるのは、何とこの道路沿いの杉林がごみ処理場にされようとしている、それが言い過ぎであればごみ処理場の候補地となっているからなのである。荒れ地か雑木林ならばともかく、このような杉林がごみ処理場になるのは何ともおかしい。まず私に話をもちかけてくれた小林賢一氏から話を聞いた。

昭和四〇年代から五〇年代にかけて国＝農水省は杉・檜の造林を奨励してきた。ほとんどの府県では林業公社を設立、自身では造林の資金や労力に乏しい山林の所有者のため、所有者にかわって公社が造林し、成木を伐採してその売却代金を造林者である公社と地元すなわち土地所有者とで分けあう、という分収造林を推進してきた。この北川組では組の共有地であるここ花柄《はながら》山に昭和五四年、山梨県林業公社と向こう五五年間の分収造林契約を、北川組の人々全員の賛成により締結した。それによって杉の造林が行われ、いまここは、二〇年生程度のまだ成木とはいえない杉林である。

この杉林がなぜ、よりによってごみ処理場となろうとしているのだろうか。この花柄山の周辺を産廃処理場の候補地として目をつけた業者が近くの個人持ち山林を買収して、あと残る、この花柄山の借受を申入れてきた。当時、北川組の組合長は、最近木材価格が値下がりして杉材など良い価格で売れない、などと言われて、この杉造林地を貸付ける気になったようだ、ということである。

「平成一七年の九月だったか、北川組の組合長小林吉行氏がこの話に乗って急に組の総会を招集して、そこで多数決で賛成を決めてこの会社と土地の借地契約書を取交わした、というのです」

「あなた方はそれに反対だったのですね」

「組合長が急に総会を開くというので、私は出られなかったが、その総会の席上で組合長から産廃業者への貸付を認めて欲しいという提案があった。初めてこのことを聞いた者もあり、副組合長の小林祥一さんは、こんな提案には賛成できない、と言って席を立って出ていったそうですよ」

「総会は何人くらい出席したのですか」

「組合員つまりこの土地の共有者は二〇人ばかりだが、出席したのは一〇人余りでした。それでも委任状が何枚か出されていて、その結果多数の賛成ということになった」

「あなた方は反対だったのでしょう」

「私も含めて反対した者、全部で一〇人位だったかな、連名で組合長宛にこの貸付に反対だという声明書を出しましたよ。私たち北川組の者だけではない、この川の川下にある人たちはほとんど反対していますよ。ここがごみ処理場になればこの常葉川の水が汚れることは分かりきったことだから」

そこでいまこの土地について裁判になっているのだ。訴えを提起した原告が組合長である小林吉行氏ら九名、もとより土地の貸付に賛成している（少なくとも反対していない）九名たちで、被告となったのは貸付に反対している人たち一二名である。

「これで全員ですか」

「この土地の権利者はみなで二一名となっているが、この中にはいま北川から転出して北川組の者でない者も二、三人います」

いま各地で見られる共有地、入会地についての紛争、裁判はそのほとんどが、開発賛成の多数の者に対しこれに反対する少数の者が開発反対や権利の確認を求める、いわば集団の中の多数派に対する少数派の訴訟であるが、ここではその逆で、少数の貸付賛成派が、多数の反対派を相手に共有地の貸付を認めよ、と主張しているのである。少数、多数といってもわずか二、三名の差にすぎないが、それも全員で二〇名余りのうちでの二、三名である。それでも少数派が裁判を提起したのは、その横か裏に産廃業者がいることは見えすいている。

ところでこの裁判で、賛成派の要求は、「この土地に入会権が存在しないことを認めよ」というのである。何とも奇妙な主張だ。というのは、細かいことは別として、裁判上、ある土地が甲の所有であることを認めよ、あるいは、甲が所有する土地であるから乙の所有地でないことを認めよというならばよいけれども、単に乙の所有地でないことを認めよ、という主張は適切でない、とされているからである。仮に入会権が存在しないということになったら、あとはどうなるのか。

ともかくも、その入会権というものがよく分からないので説明して欲しい、と言われて、早速その説明を含めた懇談会が、この土地よりも幾分下流にある常葉というところの集会所で開かれた。集ったのは小林さんたちの反対派だけではない。下流の集落の人々を中心とする「みのぶ緑と清流を守る会」の人々も多数出席された。それだけこの土地の緑と清流を守ろう、ごみ処理場反対という気持ちが強いのだろう。

「入会権というものは、主に山に入って木や草などを採ったりする権利といわれているが、それだけの権利ではない。この土地は北川組の人々の共有になっているから共有入会権といえるが、共有入会権とは組や部落内の人々が共同で管理する土地の共同所有権だ」という趣旨を、一応私が皆さんに話すと、それでは「野山」のことではないか、入会権とは何かよく分からなかったが、この野山はその入会権のある山だ、というのが皆さんのご意見。

入会権ということばを知らなかったから入会権者といえない、などということはない。世の中には所有権ということばを知らない持主は数知れない。ただ入会権という権利は山林や原野を使うための権利だと考えている人たちが少なくないのは事実である。おそらく原告となった人たちは（弁護士も）そう考えているのだろう。

このような話のあと、案内されて下部温泉の登富屋《とうふや》旅館に泊まった。三五度程度の比較的低温の温泉であるが、飲用にも非常に良いとのことである。下部川渓谷沿いの落ち着いた温泉街で明け方の渓谷のさわやかさが何ともいえない。

いま杉の造林地をつぶして産廃処理場——ごみ処理場にするなど正気の沙汰と思えない。だが、開発業者は花柄山を、すでに買収した土地とまとめてごみ処理場にする計画である。仮に、仮にではあるが、この計画が進められると、花柄山の緑は奪われるだけでなく、常葉川下流の市之瀬、常葉などの集落は清流が侵され大変な被害を蒙ることになる。全く他人事ではない。それだからこそ北川の人々だけでなく、市之瀬、常葉、下部の人々がこの美しい身延の環境を守ろうと「みのぶ緑と清流を守る会」をつくって頑張っておられるのだ。もとより私もこの裁判の――被告側の代理人として――お手伝いをすることになった。

まず、この花柄山をめぐる経過、現状について小林賢一氏のほか、守る会の代表世話役である常葉集落の芦沢健拓氏らを中心に、数人の方から話を聞いた。

まず土地の権利関係は公簿上、次のように登載されている。

〈土地台帳〉　北川組持、東福寺外二七人持（明治二〇年代と推定される）

〈土地登記簿〉　昭和二六年一二月七日、「北川区」で所有権登記（保存）

昭和五四年三月八日、西八代郡下部村（真正な登記名義の回復）

同年三月二〇日　小林吉行外二〇名（払下）

同年三月二九日　小林吉行外二名（委任の終了）

同年三月三〇日　山梨県林業公社のため竹木所有目的で存続期間満五五年の地上権設定

登記というものが必ずしも真実の権利関係を反映しているとはいえず、また書面だけで事実を判断すべきものではないが、土地台帳は明治初年の地租改正で所有者と確定した者が登載されているのであるから、この土地は明治二〇年ごろ、北川組二八名（戸）の組持山、つまり共有の性質を有する入会地であったことは明らかである。それが約九〇年のちの昭和五四年には入会権者の転出失権などの理由により北川組二一名共有の入会地となったことは、この台帳、登記簿などが示しているとおり間違いない事実である。

ごみ処理場建設予定地
（みのぶ緑と清流を守る会提供）

花柄山の管理、利用の実態は、昭和三〇年代まで、決められた範囲内で各自山入りして薪材や草などを採っていた。その後、山入りしなくなったので、組で希望者に土地を割当て、花卉《かき》、蔬菜《そさい》栽培などをさせた。実際に割地を利用していたのは小林吉行、小林賢志さんら四、五人であったが、公社造林をすることになってそれもやめた。その後、林業公社の造林が行われて、いま誰もこの花柄山に入山していない。北川組の人々が誰も立ち入り利用していないから入会権は存在しない、と相手方は主張しているのであるし、こちらの皆さんもこの点、不安に思っているようである。

　入会地の利用形態は時代や条件によって変化するものであり、皆が薪材取りに各自入山していたのは典型的な共同利用、個人的に地割して利用を認めるのは割地利用、入会集団が植林目的などで契約によって第三者に使用させるのは入会地の契約利用だ。現に沖縄では、ここでいう野山と同じ杣《そま》山を軍事基地として使用させ（られ）ている土地でも、入会地の契約利用であると最高裁判所も認めている、とお話ししたら、皆さん大方入会というものを理解されたようだ。

ただ相手方は、この林業公社と分収造林契約を締結したのは北川組組合という、入会集団である北川組とは別に新しく組織された組合であって、この土地は北川組の入会地ではなく北川組組合の組合員の共有地になったのだから、入会権は存在しない、と主張している。しかし、林業公社と契約した組合の組合員は北川組入会権者と全く同一である。そして入会集団である北川組はこの花柄山の土地を北川組組合に贈与したこともなければ、土地を個人ごとに分割し入会権を解消するなどの決議も全くしていない。いうならば、北川組組合が存在するとすれば、それは北川組という看板の塗り替えにすぎない。

平成二二年二月

後日記

そののち平成二〇年一一月、産廃業者が原告側に補助参加する（参加人となる）ことを申請してきた。この裁判は北川組の住民相互の間で、ある土地についてそれが入会地であるか、そうでない（二一名の個人的共有地である）かを争っているのであるから、北川組集落以外の第三者が介入してくることはないはずである。私は第三者が補助参加することに反対であったが、一二名の人たちを被告として争っているのが――九名を原告として争わせているのが――実はこの産廃業者であることを証明した（黒幕が

ごみ処理場建設反対を訴える幟

正体を現した）のであるから認めようという当方弁護士の意見で、補助参加を認めることとなった。だが格別新たな主張もなく、裁判はこれまでどおり進められた（もとより現地には何の変わりもなかった）。

産廃業者がこの事件に参加するなら林業公社も顔を出した方がいいのではないか、という意見もあったので、ある日、弁論の終わった後、甲府市内の林業公社を訪ねた。担当者の談では、「この裁判については話を聞いている。ただ、それは土地所有者同士の間の裁判なので公社としては口出ししない、できない。造林木や地上権の存在がおびやかされるようになれば話は別です。だからといってこれまで造林木がどうなってもよい、などと言ったことは一度もありません」とのことである。

平成二一年一〇月二七日、甲府地方裁判所は原告らの訴えを棄却する、という判決を下した、という喜びの連絡を、被告となった処理場反対の方はじめ「みのぶ緑と清流を守る会」の方々からいただいた。ともあれ、入会権が緑を、そして清流を守るとりでになることが認められた、という意味は大きい。

だが……思ったとおり相手方は控訴してきた。これからも緑と清流を守る会の皆さん方ともども気をひきしめてゆかなくてはならない。みなそう考えた。しかし相手方のその後の主張も、北川組組合の設立によって北川組の入会権は解体したという主張をくりかえすだけのように思えた。

そして約三年後、平成二三年九月九日、東京高等裁判所は相手方の控訴を棄却する判決言渡しをした。

環境保護判決のさきがけは民宿だった

静岡県賀茂郡南伊豆町弓ケ浜　平成一四年一〇月

幕末の歴史に名を留めた伊豆の下田からさらに南下すると、伊豆半島の南端石廊《いろう》崎に着く。ここは太平洋の荒波が豪快に砕け散るところとして有名であるが、その石廊崎と下田のほぼ中間に弓ケ浜という美しい砂浜海岸がある。

南に向かって弓形に湾曲した約一キロメートルほどの白砂青松の海岸で、ここは押寄せる波もおだやか、夏は格好の海水浴場となる。国民休暇村となっているということで、松林のうしろには旅館のほか民宿が立ち並んでいる。白浜も松原も家並みもまたうしろの緑の山々もきわめて落ち着いた、ごく自然の風景である。

私がここを訪れたのは、この弓ケ浜にホテル建設の是非をめぐって裁判があり、建設のための共有地の貸付には全員の賛成が必要である、という判決が昭和五〇年にあったからである。いま工場や観光施設、ゴルフ場やごみ処理場などのための開発事業が各地で行われているが、それらの施設の設置には、ある程度まとまった土地が必要であるため、いわゆる共有地、共有入会地が買収や貸付の対象となる。このような土地の貸付や買収の申入れがあったとき、権利者である住民全員が反対、または全員が賛成する(余り例はないが)場合は問題はないが、多くの場合その是非をめぐって意見が対立し、とくに多数が賛成、少数が反対というときに問題になる。

その土地が入会地のある集落の人々の共有である以上、全員の賛成が必要である。ところがこのような入会地には一般に慣習が重視される。おそらく全国どこの集落でも、いろいろなとりきめは多数決でやってきたから多数の賛成があればよい、という考え方が少なくないのである。事実ここでも土地の貸付をめぐって裁判が行われたが、最終的に東京高等裁判所は、入会地の貸付には入会権者全員の賛成が必要であると判決したのである。

入会地の開発、そのための入会地の売却や貸付それ自体は否定すべきものではないけれども、ごみ処理場やゴルフ場など、いわゆる公害をもたらすことが少なくない。そのようなおそれがある入会地の貸付や売却を入会権者の中に反対意見があるにもかかわらず多数決で認めるというのは甚だ不当である(もっとも全員賛成ならばよいというものでもないが)。このような入会地の貸付や売却について全員の賛成が必要か否かについて、最高裁判所判決はまだなく、この弓ケ浜についての東京高裁の判決がただ一つの高等裁判所の、全員の賛成が必要であると明示した判決であるので、そのいきさつを知りたいと思い、ここを訪ねてきたという次第である。

その弓ケ浜で、前もって連絡していただいていた木下啓久氏にお会いすることができた。木下氏は弓ケ浜のホテル建設反対訴訟の主導的立場にあった人で、そのいきさつについて話をして下さった。

「この弓ケ浜の土地はここ湊区の共有地だが、昭和三九年一一月、湊区の区長と開発会社との間でここにホテルを建てるため土地の貸付契約が結ばれたということで、それについて湊区の臨時総会が開かれた。もちろん私たちは反対だったが、多数決でやられてしまった。あとで記録を見ると、この総会は住民一六五名が出席して貸付に賛成一五二名、反対者一三名ということになっているが、湊区でのこの土地の関係者はほかに七、八〇名ほどいる。総会に出なかった人たちはほとんどその貸付に賛成ではなかったと思うね。事実、貸付反対の訴訟の原告になったのは六〇名もいるのだから」

そこで木下さんたちが代表（選定当事者）となって約六〇名の人たちが観光会社を相手としてこの入会地の賃貸契約は入会権者全員の賛成がないから無効だ、という訴えを提起した。

ところが第一審東京地方裁判所は、入会権を全く消滅させてしまうのでない限り、入会地を貸付けるなど利用形態を変更するについては入会権者全員の同意は必要ではなく、入会集落の慣習に基づいて多数決でも差支えない、という判決を下した。これではだめだ、何とかこの松の緑の浜を残さなければならない、という木下さんたちの熱意が弁護士に伝わり、弁護士も努力して東京大学教授の川島武宜博士から鑑定書をもらい、それを高等裁判所に提出することができた。川島博士は理論だけの学者先生ではなく、『入会権の解体』という研究報告書の編著者で入会権の実態についても造詣が深い。その説くところ従来の抽象的な学説と異なり実証的である。

東京高等裁判所は昭和五〇年九月一〇日、この鑑定書の意向を容れ、いままでこの集落の土地を第三者に貸付けたときも区の総会にかけられたが、そのとき一部に反対者があったので、代表者はこの反対者に対する説得を重ねて納得してもらい、全員の同意を得ているのであって、多数決で貸付けたことはない。このような土地の貸付は入会権者全員の同意が必要である、といって第一審判決を取消した。

相手の観光開発会社もまだ現地に手をつけていなかったためか、最高裁に上告することなく、この判決は確定した。その後、このような入会地の貸付などについて入会権者全員の同意が必要である、ということを否定する最高裁判例もないので、事実上この判決がそれと同じような役割を果たす判例だといってよい。事実、入会地においての、ゴルフ場、ごみ処理場設置などをめぐるいわゆる環境裁判、公害反対裁判ではこの判決がよりどころとなっている。

私が、このホテルができるとあの美しい松林が削られるのかと尋ねると、それはなかった、と次のように話をされた。

「この弓ケ浜の松が伐られたりすることはないけれども、ホテル建設予定地とされた共有（入会）地の中に住んでいる人たちは立ち退かなければならなくなるので、もちろん反対だった。また、私たちはこのような松林に大きなホテルができるとあたりの景色を壊すだけでなく風紀も悪くなるのではないか、という懸念が強かったね」

「反対した人たちは主にどんな人たちだったのですか」

「浜の近くの人たちで、ほとんどがいわゆる半農半漁だった。とくに強く反対したのは民宿をやっている人たちだった。ここは夏時期に東京あたりから来る海水浴客を泊めるため民宿をやっている人たちがかなりいるけれども、大きなホテルができたら民宿がはやらなくなるからね」

それにしても環境を守る公害裁判のさきがけとなったのが民宿であったとは思わなかった。もとより木下さんはじめ皆さんの努力があったからであるが、いまこうして美しい緑の浜が残されていることは何よりも有難いことである。

平成一四年一二月

「やくさ」の聞き違い　愛知県豊田市大畑町

村山、区有地などと呼ばれている入会地は集落の代表者あるいは相当数の共有名義で所有権登記されていることが多い。入会地は本来登記には左右されないのであるが、その集落の住民でない者（転出者や第三者）が登記上所有（共有）者であると、その土地の権利者の地位をめぐって争われ、ときには入会地であるか否かも問題となることがある。

このような場合、集落がその第三者らに登記名義の抹消もしくは代表者への移転登記を求めて裁判になることがあり、それについての判決もいくつかある。その中、平成六年五月三一日に出された最高裁判所判決がある。愛知県豊田市大畑町というところの事件で、登記の前提として、その土地が入会地であるか否かについても争われたもので、判決はこれを認めており、また訴訟当事者の資格についても明らかにしている。現地で事実関係を聞きたいと思い、事件担当の弁護士にお願いして裁判の当事者であった方に連絡をとっていただき、幸いお話を伺うことができた。

現地大畑はどのように行ったらよいか、豊田市役所に電話で尋ねると、愛知環状（鉄道）の〝やくざ〟で下車すればよい、とのこと。やくざ？　まさか？　ああ「役座」か。なるほど昔、村役（人）の座のあったところか、と合点した。だが、すぐ後に地図を見ると「八草《やくさ》」である。何とこれは失礼。

平成一四年の晩秋、名古屋から瀬戸経由で無事、八草駅で下車、そこから大畑集落へ。集落の代表者と思われる三、四名の方が待っておられた。そのうちの一名がこの訴訟当時の集落の代表者で、訴訟の原告、大畑部落有財産管理組合の代表者組合長加藤正夫氏である。この大畑組合（集落）の入会地は権利者二四名の共有名義で登記されていたが、そのうちの一名、甲が地区外に転出、その共有権が相続人によって移転登記されたのち、さらに乙会社に売却移転された。甲は転出によって実質的に共有持分権を失っているのであるから無権利、したがって乙への移転登記も無効である。甲から乙へと移った共有権は現在の権利者の名で登記するのが当然だ、という理由で、乙に対して現在入会権利者であるが登記上共有名義人となっていない加藤正治氏が共有権の移転登記を請求し、その前提として大畑組合（代表加藤正夫）の名でこの土地が入会地である（転出失権の原則がある）ことの確認を求める訴えを提起したのである。

第一審名古屋地方裁判所は大畑組合の要求をそのまま認めた。相手方が控訴したところ、名古屋高等裁判所は入会権確認請求の訴訟は入会権者（この場合、組合員）全員の名でしなければならない、組合の名ではだめだ、と改めて大畑組合を門前払いにした。これに対して組合が上告したところ、最高裁判所は、入会権者（組合員）全員の同意があれば、入会集団（組合）の名で訴えてもよい、と高裁判決を破棄し、裁判のやり直しを命じた。差し戻された名古屋高裁は大畑部落有財産管理組合の入会権確認と移転登記請求をすべて認めた（平成七年一月二七日判決）。

「とにかく組合員で、入会権者全員で裁判を提起しているのだから組合の名で訴訟を起こしてもよいはずだ。それに高裁の裁判官は何を考えているのだろうか、と皆で話したのですよ」

裁判官、法律家の中にはしばしば実体論よりも形式論を重視している者がいるのは事実である。裁判の当事者としては迷惑な存在である。

ところで私が、「この判決文に付けられた物件目録を見ると、山林ばかりでなく畑もかなりありますね」と言うと、

「そう、ここの入会地には山林原野のほか畑がかなりある。そのほか多くはないけれども田や宅地もある」

とのこと。入会地とは山林原野ばかりではないのである。

話し終わってお礼を述べ、八草駅から電車で豊田市中心の方に向かった。一五分ほどで新豊田駅で下車。この次の駅も同じく「新」がついている新上挙母《しんうわころも》駅。ここはかつて三河国挙母《ころも》藩二万石の城下町

だった。挙母村から明治二五年、挙母町となったが、昭和三四年に豊田市と改名した。いうまでもなくトヨタ自動車の城下町となったからであるが、トヨタの功績は大きいとしても、このような企業名を名乗るのは賛成し難い。他に例はないし、しかも由緒ある挙母の名を棄てることはないと思う。

新豊田駅から歩いて産土神である挙母神社にお詣りして、市役所を訪れた。この地方では入会地の登記をめぐっての紛争が他にもあるのか、その辺の事情を尋ねたかったからである。農林部門担当部局はここから一〇キロ以上離れた支庁内だということであるし、訴訟の対象となっている山林は森林というよりもむしろ農林業以外に開発の対象となりそうな土地と思われるので、土地開発、整備部局で話を伺ったが、最近は少なくとも土地開発にからんでそのような紛争、問題は聞いたことはない、とのことである。

豊田市は市の総面積が愛知県で一番広いそうだが、最近の市町村合併で広大な面積の市はいくつもある。それよりも市内で一番高い所が北西部の海抜一二四〇メートル、逆に一番低い所が市役所南の海抜三・二メートル。一つの市で高低の差一二三〇メートル余というのが豊田市のご自慢の種のようだ。広さも広く、それだけ高低の差があるならば、この豊田市の市街地と山村地帯ではかなり事情が違うであろう。その山村地帯は改めて訪ねたい。

市役所からしばらく街並みを歩いて法務局に行き、訴訟となった入会地の登記簿を閲覧したあと、再び新豊田駅まで戻ることになるが、来たときと違って真っ直ぐ帰りたい。いささか疲れも出て、庁舎の前でタクシーに乗ろうと思ったが、そのタクシーが一台もない。そういえばこの辺り、ほとんどタクシーにお目にかからない。なるほど、ここは自動車の町、白ナンバーばかり。市民各自が自動車をお持ちなのでタクシーが不要とまでは言わなくとも需要が少ないのだろうと思ったのであった。

ゴルフ場の裁判とそのあと

岐阜県恵那郡山岡町（現恵那市）　平成二一年一二月

平成初期、いわゆるゴルフブームに伴って各地でゴルフ場の造成が行われた。ゴルフ場にはある程度広い土地が必要であるから、その適地として共有地、入会林野が対象となることが多い。その入会林野が入会権者に現実に余り利用されていない場合には、第三者に貸付利用させて何らかの経済的利益を得ようとするのは当然のことであろう。

ところがゴルフ場（に限らず、とくに最近問題になっている産廃処理場など）の場合、その下流地域の利水に悪影響を及ぼすことが少なくない。そのため地元である入会集落の中でも意見が分かれるだけでなく、仮に入会集落が造成に賛成であっても、下流地域に住む人々に好ましくない影響を及ぼす場合もある。そのため土地が入会地であるか否かにかかわらず、山林の形質変更を来すような開発行為には都道府県知事の許可が必要とされている。

ゴルフ場設置をめぐる入会地での訴訟は少なくないが、ここ岐阜県山岡町の入会裁判もその一つで、ゴルフ場設置に反対する予定地の入会権者だけでなく、土地上の立木所有者や下流域の水利用者などが立木所有権や水利権を理由として訴訟に参加し、その間に森林開発許可についての行政裁判もあわせて行われたことで知られる事件である。

その山岡町は岐阜県の東南、陶器で名高い多治見《たじみ》からさらに中央線を東に進み、恵那《えな》という駅から明知《あけち》鉄道（以前は国鉄明知線であった）という支線で南へ約二〇キロ、山岡という小駅のあるところである。ちなみにその次が終点明知（いまは明智と称している）駅であるが、ここは、かの明智光秀ゆかりの地である。

ゴルフ場建設対象となったのは山岡駅の近く、馬場山田地区の入会林野で、平成二年にゴルフ場建設差止請求の裁判が提起されていた。一五年前の平成六年に初めてこの土地を訪れ、原告代表であり入会権者である度会錦吾氏から話を聞いた。それによると、昭和六四年一月一日（当日はまだ昭和である）当時、岐阜県内に既設のゴルフ場が五三か所、造成中一六か所、そのほか申請中が約三〇か所あり、全県的にゴルフ場建設ブームの中にあったといってもよく、山岡町にも造成中を含め二か所のゴルフ場があった。そのような状況の中、馬場山田地区でもゴルフ場建設を受入れることになり、同年（すなわち平成元年）九月、地区入会権利者集団である郷山組合の多数の賛成で、ゴルフ場建設の目的でゴルフ場業者と二〇年間の土地賃貸借契約を締結した。

これに対して郷山組合員＝入会権者である度会氏らのほか、組合員ではない土地上の立木所有者、そしてこの土地からの流水を農業用水とする利水者が原告となって入会権、立木所有権、農業水利権を理由に、ゴルフ場業者を相手として、土地の明渡しを求める訴えを翌平成二年に提起した。

この土地は森林であったから、ゴルフ場業者はまもなく岐阜県知事に、森林法にもとづく開発の許可申請をした。もとよりこの許可がなければこの土地でのゴルフ場建設はできないのであるが、県知事は平成五年四月にゴルフ場業者に開発の許可をした。そこで度会氏たち原告は直ちに県知事を相手にその許可処分取消を求める行政裁判を提起した。

行政訴訟は訴訟提起者の適格性が問題となるが、最終的に最高裁は平成一三年三月に、山岡地区に居住する度会氏ら二名以外の者は訴えの適格性を有しない、と判決した。結局、この行政裁判では入会権者にだけ開発許可取消訴訟提起の資格があるというだけで、その許可の取消については何も審理されていないのである。

そして平成一三年一二月、行政裁判の結果を待っていたかのように、平成二年に提起された土地明渡し請求裁判について岐阜地方裁判所は、入会権者である度会氏らが土地貸付に積極的賛成でなかったとしても郷会の総会で決定しているから土地貸付契約は有効、また立木所有権や水利権については被害が認められないという理由でその主張を認めなかった。

このゴルフ場明渡しを求める本裁判は、平成二年に訴えを提起してから第一審の判決が出るまで何と一一年かかっている。ゴルフ場の造成はよほどの難工事でない限り一〇年も経てばほとんど完成している。そのような場合、裁判所は絶対といってよいほど撤去、明渡しを認めない。この裁判がその適例で、ゴルフ場の完成を待っていたとはいわないが、別に行政裁判が行われていたにせよ、ゴルフ場建設が適切であるかどうかの判断はできたはずである。

平成二一年も押しせまったころ、再びこの山岡を訪れた。度会氏は故人となられたので、以前の山岡町役場、いまの恵那市山岡振興事務所で、このゴルフ場のその後のことについて話を聞いた。

この裁判で争われたのは、ニューキャピタル経営のゴルフ場で、すべて借地利用である。ゴルフ場の経営不振のため土地所有者に対する借地料支払が滞りがちで、そのために土地所有者が非常に困っている、ということである。それはなぜかと尋ねると、担当者の方が次のような説明をされた。

「いままで山林だった土地が、開発によって地目が雑種地にかわり固定資産評価額が上がって、税金もそれだけ高くなる。借地料が入ってくるうちはそれでもよかったが、それが入らなくなったので問題になりました。土地所有者のうちでも入会地の所有者である馬場山田地区（集落）の場合は別として、個人所有地を貸付けている人たちは借地料が入らないために固定資産税の支払に困っている人が少なくないのですよ」

なお、山岡地区にはこのニューキャピタルのほか、山岡・笹平と二つのゴルフ場がある。ところが、この二か所とも昨年、破産宣言して、いまゲインキャピタルが民事再生法によって運営している。みな借地による経営であるが、固定資産税相当額の借地料が支払われている、とのことである。

鴨捕りとかくせんそう　石川県加賀市

平成二一年九月

加賀の国は石川県。その石川県の入口ともいえるところにあるのが加賀市である。北陸線で金沢に向かう京大阪からの列車がまず着くのが大聖寺《だいしょうじ》駅である。ここ大聖寺は旧金沢藩の支藩の城下町であったところで、加賀市役所も駅のすぐ近くにあり、加賀市の中心地である。そしてここは、その名知られた加賀山中、山代《やましろ》温泉の入口であり、さらに北陸線沿いに片山津《かたやまづ》、粟津《あわづ》と温泉が並び、いわゆる加賀温泉郷を形づくっている。加賀市は昭和三三年に大聖寺町を中心に山代町、片山津町など九か町村が合併して生まれた（山中町は平成一七年に合併編入。粟津町は隣の小松市に合併編入された）。

昭和三七年に国鉄北陸線の敦賀《つるが》駅近くに当時我が国最長のトンネルであった北陸トンネルが開通して、京大阪からの交通の便がよくなったため、浴客その他旅行客も増え、直通の急行列車も多くなった。これらの急行は律儀に、この大聖寺だけでなく各温泉地、片山津温泉のある動橋《いぶりばし》（難読駅の一つ）、粟津温泉のある粟津、そして次の小松駅と、いわば各温泉地に各駅停車していた。当地を訪れる浴客ほか所用の人々にはよいかもしれないが、京大阪から金沢、富山さらには新潟方面に行く旅客にとって急行列車がこの間各駅停車ではいささかわずらわしい、という声が出たのも当然かもしれない。国鉄としても当然考えたであろう。列車ごとにそれぞれ違う駅に停車させるという案もあったが、どの列車をどの駅に停めるか、駆け引きが難しい。どこか一つの駅にまとめることができたら、と考えたのも当然であった。

各駅停車といったが、実は大聖寺と動橋の間に作見《さくみ》という小駅があり、急行はすべてこの駅を通過していた。戦時中に田んぼの真ん中にできた駅であるが、昭和四五年、この駅を当地各温泉の玄関口にしようと、駅名を加賀温泉と改称、急行停車駅に昇格させ、特急、急行はすべてこの駅に停車させることとなった。そして小松市の玄関小松駅以外のほかの駅はすべて特急通過駅となった（国鉄からJRになると普通急行がなくなり、すべて「特急」となった。特急は特別急行の略であるが、普通急行のない特別急行とは如何なる意味なのか？）。

ところで特急停車駅となって三〇年以上になるこの加賀温泉駅であるが、その駅前は温泉街という趣は全くない。もとより加賀温泉という温泉があるわけでなく、この作見地区に温泉はないのである。ともかく加賀温泉郷への玄関口とされたのであるから、駅名を「加賀温泉口」と名乗った方がよかったかもしれない。最近各地に〇〇温泉と、新しく「温泉」という文字を入れた駅が現れたが、そのような駅に限って駅前に温泉情緒などなく、実は〇〇温泉入口でしかないところが多い。

いささか加賀温泉にこだわったのは、この加賀市の中心街にあって、かつ山中、山代温泉の入口でもあった大聖寺駅前が、前回（昭和四五年）訪れたときよりも思いのほか、わびしいような感がしたからである。市の表玄関というべき駅ならば通常各方面行きのバスが客待ちしているはずであるが、ここにはバスの影は一台もない。駅前の商店も営業中か閉店中なのか分からない。時は九月の朝九時ごろであったが、列車の出発したあと、待合室に次の列車を待つ人も少なく、駅前も人影まばら、といいたいほどで、わずかにタクシーが二台ほど客待ちしているだけである。

このことは明らかに、加賀市民中多数を占める大聖寺地区住民に鉄道離れをもたらしたことを物語っている。加賀温泉駅停車、大聖寺駅通過の京都・大阪・名古屋方面および金沢方面行きの特急列車は上下各四〇本ほどあるのに、大聖寺、加賀温泉両駅停車の普通列車（上り福井、敦賀行き。下り金沢、富山行き）は二四、五本しかない。大聖寺地区住民が京都大阪に行くには特急という名の急行列車に乗らなければ（普通列車では途中で乗換えなければ）ならないが、それができない。県都金沢市までは約四〇キロの行程であるが、加賀温泉－金沢間は特急で約三〇分の行程である。加賀温泉を訪れる客は便利であろうが、大聖寺に住む住民には不便であろう。

大聖寺駅の西北約三キロの地点に片野鴨池《かたのかも》（または大池）と呼ばれる一・五ヘクタールほどの池がある。名のとおり鴨の猟場として、しかも特殊な方法による猟場として有名である。昭和四五年の冬に和座一清教授（当時金沢大学）に同行して、ここの概況を尋ねたが、その後の実態を知りたくて再びここにやってきた。いまは猟期ではなく、ただ猟場一帯の環境状態を知りたかったのである。時期外れの訪問なのでまず市役所を訪れてその旨告げると、名もふさわしい環境保全課の女性係員の方が概況や道順などを親切に説明して下さった。早速現地に向かうが、市役所の方から来る道路の左側、二階建の立派な建物が「鴨池観察館」である。この観察館は昭和五九年に建設されたもので、鴨だけでなくこの池に飛来する鳥類を観察するための施設である。

この池の西方一帯は砂丘、北東は松林で、西方以外の池の周囲には少しばかりの水田がある。秋の取入れが終わるとこの水田に湛水するので、池と水田と合わせて約三ヘクタールほどの大きな池となる。そこに一〇月に入るころ、シベリアから鴨が次々にやってきて、ここに居を構える(?)ことになる。鴨は日中この池で遊泳、休息し、薄暮になると周囲の丘陵を飛びこえて餌をあさりに行き、翌朝早くまた池に戻ってくる。この朝夕の、鴨が丘陵を飛びこえようとするとき網で捕らえるのがここの鴨猟であるが、それが地上や樹間に張った網ではなく勇壮な投げ網なのである。

朝と夕方、鴨が丘陵を低く飛びこえようとするとき、その進路の下で待ちうけ、「坂網」という手網のようなものに約四メートルほどの竹の柄をつけたものを、飛び立ってくる鴨の前方に投げ上げてこれにからませるのである。当然網を投げ上げる腕の力が必要であるが、それだけでなく朝夕薄明かりの中で鴨を見通す視力、鴨の羽音を聞き分ける聴力、そしてその網を投げ上げる敏捷な動作が必要である。

このような猟法は旧大聖寺藩士が始めたといわれ、長く武士の独占するところであった。維新以後はもとよりすべての市民に開放されているが、このような猟法は誰でもできるというものではない。

いまこの猟場を管理しているのは大聖寺捕鴨組合（協同組合）で、猟期は毎年一一月から二月半ばまでであるが、ここでは坂網以外の猟は許されていない。ちなみにこの観察館と鴨池のある一帯は一九九三年ラムサール条約湿地に登録されている。

この辺の事情は前回訪れたとき見知ったことといまでも変わりない。ところで、鴨を空中で捕らえる

山中温泉こおろぎ橋
（池端綾乃さん提供）

のになぜ「坂網」というのか分からなかったので観察館の係の人に尋ねた。

「鴨の捕れる場所を坂場というので、そこから坂網という名がついたのだそうです」

「空を飛んでいる鴨を捕らえる名人は、いま何人くらいおられるのですか」

「いま大聖寺捕鴨組合という組織があって、その組合員でないと鴨猟はできません。組合員は五〇名くらいです」

「その組合員は、武士の子孫の方ですか」

「そうとは限りませんが、組合員は全部大聖寺の住民です」

追録——再び名湯山中温泉へ

前回ここを訪れたときに泊まった山中温泉を再び訪ねた。当時は大聖寺駅から電車で二〇分余りで行けたが、いまはその電車はなく、バスで隣の山代温泉を経由して行かねばならない。昔の山中電停のあとがバスの終点である。ここから大聖寺川の谷間にひらけた温泉街を歩いてゆくのであるが、そこを歩いて感じたのは、いわゆる現代的なけばけばしさがなく、数十年前と余り変わらぬ店などがあって、かつての良さが残る町だということである。

バスの終点から少し歩いたところに「菊の湯」という大きな建物が並んでおり、これが「おとこ湯」と「おんな湯」で、別棟の足湯との三棟が山中温泉の共浴場となっている。この山中温泉の泉源はもと山中村有の土地であったが、加賀市との合併で山中財産区の所有となったため、山中温泉の各湯口はみなこの財産区から配湯を受けている。財産区事務所で伺った話では、現在配湯しているのは約二五口で、そのうち三口が「菊の湯」など三棟の住民共有の浴場となっており、病院施設が二口、保養所四口、温泉旅館が約二〇口で個人は全くないということである。

この事務所から山中温泉街の目抜き通り「ゆげ街道」を歩いてゆくと、九谷焼や加賀漆器などの名産品や、伝統文化にかかわる品を扱う老舗が並んでおり、温泉街という風情からやや離れる。温泉旅館はほとんどが大聖寺川通りの渓谷沿いにあるようだ。その渓谷にかかる名所の一つが「こおろぎ橋」で、それをさらに遡って川の右岸にある、紹介された「鶴仙荘」に着いた。

着いてすぐの話。「カクセンソウ(核戦争)と聞いて、はじめは驚いたが、字を聞いて納得した」と言ったら、「この渓谷が鶴仙渓というのでその名をとったのですよ。パソコンで打込むと『核戦争』と出るかもしれませんな」との答え。鶴に仙、優雅な思いが込められているようだ。その名にふさわしく、鶴仙荘は優雅な宿であった。

松阪の一日——国学の大家、そして晴れた青い空　三重県松阪市

平成二一年四月

私が小学校六年生だった昭和一〇年ごろの国語の教科書に「松阪の一夜」という一課があった。これは江戸時代の偉大な国学者、伊勢松阪在住の本居宣長が、若き日のある夏の夜、当地に旅した大家賀茂真淵を訪ねて教えを乞い、それ以降、師弟の交わりを続け『古事記伝』という大著を成しとげるのであるが、師弟の対面はただこの一夜だけであった、という記述である。

当時、学問といえば朱子学、陽明学の、いうならば漢学、孔孟思想中心であった。しかし日本古来の学問、思想を学び身につけるべきだというのが宣長の考えで、それが幕末の尊王攘夷思想に受けつがれた。国学の大家といわれる所以である。そしてその思いが、

敷島の大和心を人問はば　朝日に匂ふ山桜花

という有名な歌に表れている。これが日本精神を表現するものだと戦時中鼓吹《こすい》されたものだが、ともかく日本人がこの山桜花を愛好する心はいまも変わりない。

その松阪には三〇年ほど前に一度来たことがあるが、そのときは駆け足で、本居宣長の事跡を十分に

本居宣長旧宅

問うことができなかったので、今回改めてこの町を、本居宣長の跡をたずねてやってきた。着いた日の松阪の一夜はあいにく雨降りで町を歩くことはできなかったが、翌日は幸い快晴に恵まれた。

市街の中心よりやや西に小高い丘があり、これが旧松阪城址である。そこに本居宣長記念館があり、宣長はじめ一族、門人たちの著書、業績などが陳列されている。ここで恥ずかしながら私は、宣長が医師でもあったことを初めて知った。記念館の隣に、宣長の住家「鈴の家」がある。これはいまの市役所の東側魚町にあった本居家の旧宅をこちらに移転したもので、間取りもかなり広い。

本居宣長医師が医者として患者を診察したのはどの部屋だったのかと担当係の人に尋ねると、「宣長大人は、ほとんど往診ばかりで、昼は町中をまわり夕方ここに帰ってこられて、そして夜は隣の大きな部屋で、弟子たちに講義をされたそうです」とのこと。

「急病人が来れば診られたかもしれませんが、それにしても診察室はこの部屋（六畳ほど）一間で、ここに薬などが置かれていたそうですよ」

昼は医師、夜は国学の教師をつとめ、一夜以後は生涯の作業としての国学の研究、著述を行ったのであるから超人的といわざるをえない。そして考えさせられたのは、宣長大人は医師として町民の間をまわり、そこで町民の、農民の生活を見、感覚を受取って日本人としての自覚の重要性を感じとられたのではないか、ということである。

この記念館とは道路を挟んで向かいの丘の上に「本居宣長ノ宮」という神社がある。通常一般の様式の神社で、受験時期には合格祈願の参拝者が多いという。以前（三〇年前）は確か本居神社と称していたと思うが、社号の経過を禰宜《ねぎ》さん（と思われる方）に尋ねた。「この本居大人の墓所の近くに建てられていた祠を大正四年にここに遷座したもので、本居神社という社号だったが、平成七年に現在のような社号となった」とのことである。神社庁との意見の対立があり神社庁から脱退した、ということであるが、そのために神社と称してはならない、ということはないと思う。

城址から松阪駅方面に下ってゆくと「松阪商人の館」がある。いわずと知れた松阪商人発祥の地で、伊勢神宮外港大泊《おおどまり》の商人「角屋」が松阪に居を移したのが始まりという。その近くに三井家発祥の地があり、また本居宣長の旧宅もこの近くである。このあたり、近世日本文化・経済のゆかりの地ともいえるだろう。

追録——つづく香良洲の青い空

この松阪の一日は幸い朝から晴れわたる好日和であったので、その日の午後、松阪市の少し北、いまは津市に併合されている香良洲《からす》町を訪れた。松阪市と津市との境に雲出《くもず》川という川が東に流れており、伊勢湾に注ぐ手前で南北に分かれ、その間に三角州《デルタ》をつくっている。この三角州がかつての一志《いちし》郡香良洲町で、この「からす」という名は海が流れるところから「辛洲」と呼んでいたといわれている。旧町役場（現津市役所香良洲支所）で紹介された歴史資料館を訪ねることにした。

このあたり、見渡す限り平地、建物と畑地ばかり、中にはハコモノを思わせるようないささか奇怪なかたちをした建築物もある。その一角に余り派手でない三階建てがあり、そこが歴史資料館で、道路から正門、中庭を通っていくのである。その門を入ろうとすると右の門柱に、なんと「三重海軍航空隊」と書いてある。これは、と思って左の門柱を見ると、「香良洲歴史資料館」と書いてある。

私はこの「三重海軍航空隊」のその後を訪ねてきたのである。といってもいまここに航空隊があるわけではなく、飛行機など一機も飛んでいない。ここはいまを去る六五年前、昭和一九年に海軍飛行練習基地が開かれて三重航空隊のあったところで、海軍飛行予科練習生（いわゆる予科練）の訓練場であった。

昭和一九年八月初め、私は海軍予備生徒（予定者）としてこの三重海軍航空隊に入隊した。徴兵されて陸軍の兵隊になるのがいやだったから、その前に海軍を志願したのである。海軍予備学生・生徒採用試験（学生は大学高専卒業予定、生徒は在学中）に合格し、採用されたのであるが、私は航空隊——飛行機乗りを希望したわけではない。もともと高所恐怖症で、いまもって飛行機に乗るのは好きではない。それが航空隊入隊を命ぜられたのは視力がよかった（裸眼視力左右とも一・五）からである。

入隊二日目から身体検査、適性検査が行われたが、その結果私は幸か不幸か（幸であった！）飛行不適格で横須賀行きとなった。ここの滞在期間はわずか五日ほどであるから、広い隊内をかけ足したことのほかほとんど記憶がない。ただ一つ忘れられないのは、ここで被服類を支給されたときのことである。

被服を受取りに来いという伝達で数人の集団で受取りに行く。軍帽、夏冬の軍装、事業服、短剣、靴、下着類と、これを入れる衣嚢が貸与される。軍装は大小二種あるいは大中小の三種しかなく、身体にちょうど合うものは滅多にない。あれは小さい、これは大きすぎる、などがやがや言っていると、傍でにやにやしながら見ていた教官が言った。

「よっく聞け。海軍は体を服に合わせるところだ。体に服を合わせるところではないぞ」

海軍に入った以上、ネイビーブルーの士官服をもらって（貸与だが）悦に入っていたが、このときの教官のことばが、戦後法律の勉強を始めると思いあたることが少なくない。わが国の法典ないし法規はもともとヨーロッパあるいはアメリカの法思想に基づいて組立てられているため、日本の実態、人間関係、社会慣習に合わないことが間々ある。

歴史資料館であるからもとより航空隊関係以外の資料展示がある。とくに比較的近い時代――私たちの幼少時代の農村民俗が展示されていて興味深い。海軍航空関係の展示室中、ある室内には若き兵士（ほとんどが兵曹）の写真が並べられているが、これは若くして空に散ったこの航空隊練習生出身の若者たちだ。みな明るい生き生きとした顔をしている。写った当時、どんな思いだったのだろうか。そしていま、この若者たちはどのような思いでこの青い空を眺めているのであろうか。

古代と近世さらに現代　奈良県橿原市

平成二三年一二月

天香具山《あまのかぐ》、畝傍山《うねび》、耳成山《みみなし》、いわゆる大和三山を朝な夕な望むことのできるこの地、まことに「大和しうるわし」である。

この地、奈良県橿原市《かしはら》は初代神武天皇を祀る橿原神宮鎮座の地で、神武天皇陵ほか二代、三代、四代天皇など、古代六天皇陵がある。このほか多くの古墳、そして藤原京跡など、神話、古代の遺跡に富むところであることはいうまでもないが、数十年前、修学旅行で訪れたことがあるけれども残念ながらそのときの記憶は定かではない。

ここには古代ならぬ近世、近代を物語る重要な町がある。町といっても商人町ではなく一種の城塞都市ともいえる今井町で、桜井線畝傍《うねび》駅、近鉄八木駅のすぐ南、飛鳥川という小川にかかる蘇武《そぶ》橋を渡ったところがその入口である。東西が約六〇〇メートル、南北三〇〇メートル余、周囲が濠で囲まれた一画の家並みである。その南側にある称念寺を中心とする寺内町で、成立は戦国期であるが、江戸時代は商業都市として大坂・堺との交流が盛んであったという。

路地といってもよいほど広くない道路が真っ直ぐ延び、左右に家屋が寄りそうように並んでいる。直線の道路、直角に交差する四ツ角、京都の条里制を思わせる。なるほど道路は正しく東西南北に走りかつ交叉しているが、その道が丁字型に行き止まりであったり、また鉤《かぎ》型の辻も少なくない。これは外敵の侵入を防ぐ目的で大名の城下町に見られるつくりである。

いまここに約一四〇〇棟の民家があり、そのうちおよそ五〇〇棟が伝統的様式を引きついでいるという。そして約一〇件の豪壮な民家が重要文化財に指定されている。みな現住の建物であるが、見学可能とのことである。もとより見学は要予約（有料）。それは当然であるが、不意の訪問者にはそのすべがなかった。

橿原市の南部、近鉄橿原神宮駅のすぐ近くに、久米仙人の名で知られた久米寺があり、その一帯が久米町である。いま完全な市街地となっているが、かつては水田地帯で、ここに「かご池」という農耕用の溜池があった。この溜池の帰属をめぐって昭和五〇年ごろ裁判があったということである。

大和平野は早くから水田が開発されたが、大きな河川がないため灌漑用の溜池が造成され、その数はきわめて多い。溜池をめぐる紛争といえば、かつてはいわゆる〝水争い〟＝水利用の権利（我田引水）のための紛争であったが、最近では溜池の底地所有権についての紛争、訴訟がほとんどである。この種の訴訟とそれに伴う判決は私の知る限り昭和末期から平成年間の紛争に関するものである。ところがこの裁判、訴訟の提起が昭和四〇年代の末、判決言渡しが昭和五六年というきわめて早い時期のもので、いわばこの種の裁判のはしりとなるものであったから、どのような土地で、その後どうなったかを知りたいと思っていた。まず現地がどこであるか、そして現状は、と市役所で尋ねたが、何さま三〇年以上も前のこと、土地担当者も「詳しいことは分からないが」と言いながら地図を持出して、「現地はここで、いま全部駐車場になっています」と丁寧に教えて下さった。

この裁判のいきさつは判決文によると概ね次のとおりである。約二〇名ほど水利用者があった「かご池」という溜池が周辺の都市化により利用者が減る一方、廃棄物捨場となり、ついには利用者が一人だけになった。そのような事情から、利用者として残った一人が、「水利用権と溜池の底地所有権は一体のものであるから利水をやめた者は溜池の底地所有権を失い、現在利水権者は自分一人であるからこの溜池の所有権者であることを認めよ」と橿原市長を相手に訴えを提起した。市長を相手としたのは、この溜池が「橿原市久米町」名義で所有権登記されていることのほか、これまで市長がこの溜池の一部埋立の許可をしたからであった。

昭和五六年六月一九日、奈良地方裁判所は、この溜池は溜池郷利水権者のみの共有地ではなく、橿原市久米町（もと久米集落）の所有地である、という理由で、その一人の請求を認めなかった（この判旨は最高裁で確定したとのことである）。

現地は四線道路に並ぶ商店街のすぐ背後、周辺の土地よりもほんの少しばかり高い位置に駐車場。かなり多くの自動車が駐車している。周辺より高い位置にあるのは、おそらく溜池の堤塘《ていとう》を基準にして埋立てたからだろう。駐車場の出入口にある管理所の掲示板に諸注意書きのあと、「橿原市久米町自治会」と書いてある。この自治会とはいわゆる町内会なのか、それとも溜池管理集団であるのか、尋ねたいと思ったが、あいにく管理人不在でそれを確かめることはできなかった。

多数決による処分の慣習だけが残っている？

和歌山市栄谷　平成一一年一〇月

大阪難波から和歌山市行きの南海電車で小一時間、電車は和泉山脈のふもとに入り、長さ六〇〇メートルほどの孝子《きょうし》トンネルを抜けると、そこは和歌山県である。山の間というより台地の間をぬけ出すと電車は左に大きく曲がる。左手の台地――和泉山脈の一部である――上にいまは和歌山大学がある。それと並んで山なみの南の台地に開発事業が進んでいる。その和歌山大学の少し東側、台地のふもとに栄谷という集落がある。その背後の山＝台地が若衆《わかしゅう》山と呼ばれている栄谷集落の共有地であって、いま大阪の開発業者が目をつけ、その土地の売却をめぐって訴訟が行われている。

ことのあらましは次のとおりである。平成二、三年ごろ大阪の乙開発会社がこの若衆山の土地の買入れを申込んできた。住宅地にすることのようだが、当時この土地はほとんど利用されることがなく、それだけにこの土地の所有者、管理主体である若衆山組合も休眠状態であった。平成五年にようやく組合員の確認ができるまでになったが、この組合員はもと一三四名（土地台帳）で、それが代替わりや移転などで実際の組合員を確認するのに時間がかかったようである。同年九月に組合員一一五名を確定し（ただし、このうち約一〇名は栄谷以外の居住者で県外は二名）、同五年九月に代表者と称する甲氏が組合総会を招集した。そこでこの若衆山二筆を乙会社に売却することを多数で決定した、ということである。

この組合総会の決定にもとづいて代表者甲氏は同年一一月一〇日に乙開発会社と若衆山二筆の売買契約を締結した。

そこで、乙開発会社はこの契約により土地の所有権を取得したとして、この土地の共有名義人（組合員である者のほか転出者も含む）に対して各持分権の移転登記を請求し、大多数はこれに応じて移転登記をしたが、そのうち一七名の者が土地の売却に反対し移転登記に応じないので、乙会社から共有持分権移転登記請求の訴えを提起されているというのである。

栄谷集落は、観音前、東出、高光、川原崎の四つの組に分かれており、このうち東出組は若衆山のすぐ山麓に位置する。若衆山の開発工事いかんによって一番被害を受けやすい位置にあり、この一七名はみな東出組の人たちである。その中での長老である貴志三七、事務長役の貴志俊興の両氏は言う。

「私たち東出組は若衆山のふもとのような場所にあるから、もし若衆山で工事が行われて、そのため山崩れなどが起こった場合、真っ先に被害を受けるのは私たち東出の者たちだ。だから反対するのは当然でしょう」

そのとおりだ。ところが一つ問題がある。それは「若衆山組合規約」という昭和一五年に成文化された規約があり、その第一条は「郷土ヲ保護スル為各自出費シ植林ヲ為シ財産ヲ生ズル利益ヲ積立ルヲ目的トス。但総会ノ決議ニヨリ処分スルコトヲ得」とあって、この若衆山が組合の基本財産であることを謳ったものと思われるが、規約中、組合総会は組合員の二分の一以上の出席で成立し、決議はその三分の二の同意を要する、という条項がある。これを理由に相手方は、土地の売却は多数決でできる、と主張しているようである。しかし、この規約にいう処分とは植栽木やその伐採収益金の処分をいうのであって、基本財産である山林（土地）を、その二分の一の三分の二、つまり三分の一の少数で売れるはずがない。

そこで一七人の代理人である上野正紀弁護士から、多数決による土地の売却は有効だというのが相手方の主張なので、よく実態を調査した上で多数決による売却決定が無効だということを裁判所で証言して欲しい、と頼まれたのであった。

平成一一年一〇月に私は和歌山地方裁判所に証人として出廷することになった。最初は上野弁護士からの、多数決による入会地の売却が有効か否かという質問で、これは当然、予定された問題である。この若衆山は栄谷住民の共有の性質を有する入会地で、住民約一〇〇名の共同所有財産であるから、共有者全員の同意がない限り売却処分はできない、と証言した。相手方の代理人からの、多数決で売却できるという慣習がある場合にはどうか、という質問に対しては、確かにこの組合には多数決というとりきめはあるが、それは立木の売却処分などであって、多数決で入会地を売却した例はない、と答え、さらに、共有の土地を売ったり貸したりすることによって少数の者が被害を受けるおそれがあるからその売却や貸付に反対だというのに、被害を受けるおそれのない多数の者の意見で売ったり貸したりするのは不当だ、と証言した。

そこまでは予測通りであったが、終わりに裁判長から、「建物の区分所有権に関する法律では、区分所有権の五分の四という特別多数決で建物の取り壊し、改築などができるようになっていますが、これについてはどうお考えですか」と尋ねられたのには一瞬とまどった。こちらの方は余り研究したことがない。それでも、「集合住宅のうち少なくとも共有部分は個人的に分割することができないので、これは正確な意味で共有とはいえないと思います」と答え、では誰の所有かと聞かれる前に、「その共有は擬制的なものと思いますが、仮に共有であるとしても、全員の五分の四の決議でできるのは建物の建て替えで、それは住宅の安全を確保するための保存、ないし管理行為に該当するものであり、その売却処分までは含まれていません」と付け加えた。

平成一三年一〇月

後日記

翌一二年三月、判決の言渡しがあり、乙開発会社の請求は棄却され、貴志さんたち一七名が勝訴した。当然といえば当然であるが、判決文を読んでいささか意外な感じがした。というのは、棄却——相手方会社が負けた理由が、多数決による売却が無効だ、というのではなく、もともと若衆山土地の売買契約の当事者となった栄谷の甲氏に組合長としての代表権がなかったから売買契約が有効に成立していない、というのである。

なぜ多数決では売却無効といわなかったのか不思議に思ったが、この裁判官も多少苦心されたのではないか、とも思った。というのは、私が証言したすぐあと、奇妙と思われる若衆山について別の判決があったからである。

それは同じく和歌山地方裁判所の平成六年一一月三〇日判決で、乙開発会社が若衆山組合（代表甲）を相手として、組合員である土地の所有名義人に共有持分権を同会社に移転登記することの請求を認めているのである。この判決は裁判官も全く別の人であり、また若衆山組合の代理人弁護士も上野弁護士たちとは関係のない別人であるが、奇妙だというのは、土地所有権移転登記手続請求の相手方（被告）が若衆山組合（代表甲）となっていることである。若衆山組合は入会集団であるが法人ではなく、土地の所有名義人ではない。土地所有名義人は貴志さんたちはじめ一一五名となっており、登記上の所有者でない若衆山組合は所有権移転登記をすることができないはずである。

予想されたことだが、本件で敗訴した乙開発会社は控訴した。その後の経緯は格別聞いていなかったが、翌一三年一〇月に、上野弁護士から、思いがけないことに逆転敗訴した、と連絡があり、大阪高裁の判決文が送られてきた。要するに、若衆山組合規約を根拠に、また近隣集落においても多数決慣行の多いことも含めて、総会の多数決による売却処分が有効だというのである。そのいうところを少し書き出しておこう。

「被控訴人らは、たとえ入会集団が、規約において入会地の処分について多数決原理を定めているとしても、そのような規定は無効であると主張し、……証人中尾英俊の証言〈原審〉中にはこれに沿う部分がある。

しかし、入会集団の規範を考えるに当たっては、地域の入会慣行も考慮すべきところ、……共有山組合においては、従前、多数決原理に従い入会地を売却してきたし、ひろく和歌山地方における入会慣行をみても、……議決方法としては満場一致よりは多数決がむしろ多く採用されている。そして、その実情も、若衆山組合の活動は、昭和二八年一月から約三〇年の長きにわたって休眠状態にあり、……組合員同士の間に入会集団としての古典的、村落共同体的な結びつきを認めることも困難であるから、入会地自体の処分に多数決原理を導入したとしても格別の不都合はないというべきである」

全く見当違いの判決である。まず、この「共有山組合においては従前、多数決原理に従い入会地を売却してきた」というが、その具体的な例は一つも示されていない。だがそれは当然だろう。そのような例は一つもないはずであり、もしあるとすれば、この事件のような裁判は起こらないはずである。若衆山組合の共有入会地はほとんどが共有名義で登記されており、その売却には共有名義人全員の同意、かつ書面が必要である。そのような、軽微といえないような土地の売却がしばしば行われるはずはなく、またその事実もない。「多数決原理によって売却してきた」のは山林の立木であって土地ではない。立木は永久保存木でない限り、伐採、売却するのが一般的であるからこれは共同所有財産の処分ではなく、現物を金銭に変えるという財産管理行為にほかならないから、これはいわゆる多数決で決めることができる。土地の売却はあったかもしれないが、それは道路用地としての土地など組合員全員に異存がなかったからであって、何名かの反対があったにもかかわらず多数決で土地を売却した例などない。

またこの判決は、この若衆山組合が共同体的な結びつきが弱くなった、と判示しているが、このことは組合の所有する土地の処分など入会地についての協議が行われなくなったことを物語るものである。このように入会集団としては影が薄くなったが、多数決で入会地を売却する慣習だけが残っている、ということになる。この判決、裁判官の頭脳はどうかしている、といわざるをえない。

溜池所有者という「市」は何をしてきたか

和歌山県那賀郡岩出町（現岩出市）　平成一七年五月

戦国期にその名を馳せた「根来衆《ねごろ》」とは、紀州和歌山近在根来寺の僧兵（鉄砲隊）のことである。その根来寺は和歌山市の東、紀の川の北岸、和泉山脈のふもとにあり、広大な庭園をもつ大伽藍である。本院の創立は康暦二（天授六＝一三八〇）年とされているが、戦国期豊臣秀吉に対抗したため焼打にあい、一時廃山となった。しかし江戸期、和歌山藩出身の将軍徳川吉宗の代に本院が再建された、と伝えられている。

その根来寺のすぐ下（南）に大門池、新池というさほど広くない水田灌漑用の溜池がある。この大門池をめぐって紛争が生じているので相談に乗って欲しい、という溜池水利組合長の西洋《にしひろし》さんからの依頼でここに来たのだが、恥ずかしながら私はこの紀の川沿岸の土地に水田灌漑用の溜池があるとは思わなかった。というのは、例えば東・信濃川の越後平野、西・筑後川の筑後平野の農地ではみな河川から水田への引水で、溜池用水など必要としないからである。だが、ここはそのような平地でなく、紀の川をはさんだ広い谷間である。しかもここは山のふもと、河川からの引水どころか、溜池からの余水が紀の川へ流れ出ているのである。そしてこの大門池に並ぶ和泉山脈のふもと、紀の川の流域一帯にこのような溜池が多数存在する。認識不足を反省するとともに改めて灌漑用溜池の重要性を認識させられた。

大門池（西洋氏提供）

この大門池の所有者は現在岩出市（登記上）となっている。平成一四年七月、当時の岩出町は町立の図書館建設のためこの大門池の半分を埋立てたいと、大門池水利組合に申入れた。実はこの山麓沿いに市有で紀の川用水が設けられており、大門池水利組合員の人々も、管理に手の要らないこの用水から灌漑用水の供給を受けている人が多く、逆にこの溜池用水の利用者が少なかったためもあってか、賛成多数で半分の埋立を承諾した。

溜池の所有者と自認する岩出市は、組合の同意を得た、ということで、大門池の水門を抜き空池にしてしまった。岩出市としては、現に大門池からの利水者は少なく、大門池の水が使用できないのであれば、紀の川用水から利水すればよい、という考えであった。そして早速半分を埋立て、工事を始め、作業の終わりかけた段階でも残りの半分は空池のままであった。

西さんは、「空地にしてそのままどころか、一部遊園地にしたり駐車場にして貸付けたりしとるのですよ。これは溜池は市のものでそれを使わせているのだという態度が丸見えだ。もともとこの溜池埋立の決定は必ずしも水利組合員全員の同意があったわけではなく、その同意の求め方がかなり一方的だったので、組合員の中にも市のやり方に不満を持っている者が少なくないのです」といわれる。

岩出市はこの溜池の底地の所有者となっているので、その湛水を水田耕作に使わせてやっている、と考えていたのであろうか。耕作者たちにすれば底地所有の名義も問題だが、溜池の管理と十分に利水できることが重要なのだ。しかも溜池の水さらえ、堤防の修理など、耕作者である水利組合の人々の協力で維持、管理してきた。これまで市が積極的に管理、運営してきたことはない。この溜池が市の所有でその水を使わせているという態度は不当だ。これが我々の共同財産であることを市に確認させようと、水利組合の総会でこのことを提案、組合員八七名、みながこれに賛成した。そして西さんや前組合長だった粉川寛さんはさらに、市を相手として、この溜池について水利組合員八七名の底地所有と水利用を含む共有入会権を有することの確認を求める裁判の提起を提案した。

だが問題があった。この溜池が水利組合員八七名の共有地（共有入会地）であることの確認を求める裁判は八七名全員で提起しなければならない。もとより水利組合の名でもよいし、代表者を選んでその代表者（選定当事者）の名で訴えを提起することもできるが、いずれにしても八七名全員の、訴訟提起についての同意書（署名押印）が必要である。ところが……である。組合員の中には数人岩出市の職員がいて、市を相手に裁判することはできない、という。他にも、いわゆる岩出市の出入り業者と思われる人が、裁判の趣旨には賛成だが、市を敵にするのはいやだ、という。かれこれ一五名余りの組合員が市を相手に裁判することはできない、というのである。この人々の立場を考えれば致し方ない。だが、「共有入会権の確認訴訟は入会権者全員で提起しなければならない」という最高裁の判例があり、確かに七〇名だけでこの土地が八七名共有（入会）地であることを認めよ、と裁判所に請求しても、裁判所はそれだけでは判断できない。そこで、組合員の権利を否認している市を相手方とするとともに、何らかの理由で訴える（原告となる）ことに賛成しない、またはできない者を市と同様相手方（被告）として訴えるしか方法がない。

平成二二年九月

後日記

民事裁判でも被告にされるのは余り気持ちのよいものではないが、その裁判に原告として参加できない一七名の人たちに、被告とさせてもらうことの了解をえて、平成一八年一二月に、大門池が水利組合員八七名の共有入会地であること、仮に底地が市有であるとしても組合員が共有の性質を有しない入会権を有することの確認を求める裁判を、和歌山の岡田政和弁護士の尽力により、西・粉川両氏を原告（選定当事者）として水利組合員七〇名が、岩出市と参加できなかった一七名を相手として和歌山地方裁判所に提起した。

この裁判には私も西さんたち原告の代理人として参加したが、裁判は三人の合議制で、裁判長は「溜池が入会権の対象であることがよく分かるように説明して下さい」と言われる。このような第一審裁判で合議の場合、通常判決文の原案を書くのは左陪席の若い判事補である。若い裁判官（に限らず、とくに都会育ちの者）には入会というものが感覚的に分からない者が多い。そこで、とくに溜池に対する住民の権利が入会権であることをできるだけくわしく書いた書面を提出した。ところが年度がかわって陪席裁判官が交替した。これはまた改めて入会権の説明をしなければならないか、などと思っていたら、間もなく（平成一九年一一月二〇日）判決言渡し。

その判決は、先の最高裁判例を理由にして、入会権の確認を求める訴訟は入会権者全員で訴えなければならない、本件は入会権者全員で訴えていないからだめだ、という門前払いの判決である。先の最高裁判決は入会権者の一部の者が原告になっているだけで、他の者は訴訟に参加していないのであるから、入会権利者全員が原告か被告として訴訟に参加している本件とでは裁判の当事者が違うのである。裁判官は少なくともその違いを見た上で判断すべきであろう。それもせずに門前払いしたのは、左陪席の若い裁判官が入会権の存否など難しいことを議論するのは大儀だから、内容は違うが似たような判例を引用して片付けたいと思ったのだろう、と言われても仕方がないのではないか。

控訴審（大阪高裁平成二〇年五月三〇日）でも同様の理由で却下。入会権の確認請求はあくまでも入会権者全員が原告とならなければならない、というのであれば、その相手方（入会権を否定する側）は入会権者のうち一人でも買収してしまえばそれで裁判上入会権の主張が、そして入会地の保全ができないことになり、不合理きわまりない。とにかくこのような裁判官の偏見を正し、最高裁判例の変更を勝ちとらなければならない、と最高裁に上告受理申立をした。その理由書の提出期限は七月末だった。

時、幸いにして提出期限の一〇日余り前の七月一七日、最高裁は鹿児島県種子島の事件につき、入会権者全員が原告もしくは被告として訴訟当事者になっておればよい、と鹿児島地裁に破棄差戻判決をした。これは明らかに判例変更である。そこで早速、本件判決が判例違反であるという理由書を提出した。

それから一年余り、翌二一年一〇月に最高裁から申立受理、弁論を開くので出廷を求める旨の通知があった。最高裁判所に出廷、口述するのは二回目であるが、今回はとくに、原告として訴訟に参加したくとも立場上それができない者がいるということを口頭で強調した。この弁論が一二月四日、判決言渡しが二週間後の一二月一八日である。

もとより最高裁から原判決破棄、和歌山地裁へ差戻す旨の判決があった。ここでこの訴訟は振り出しに戻ったことになるが、さて、これからどのように訴訟を進めてゆくか。

この大門池、新池の両溜池の底地所有権は現在岩出市名義で登記されているが、明治七年地所名称区分改正（太政官布告一二〇号）により国（官）有とされた。明治初期土地制度改正によって官有とされた溜池は全国的にも少ないと思われるが、この紀の川沿いにはいくつかある。一般に農民（水利組員）総持とされた溜池が多い中、官有とされたというのは和歌山藩の水田政策に何か関係があったのではないだろうか。そして大正一一年、国有財産法の施行に伴い、ここの溜池は根来寺およびその周辺の集落の属する根来村に移転登記され、そのまま昭和三一年根来村が近くの町村と合併して岩出町となったあと、岩出町のち岩出市名義で所有権登記されている。山林原野も明治初期に官有に編入されたが、大正以降、実質的に住民の入会地は払い下げられ、一旦町村名義を経由して地元住民の所有（代表者名義や共有名義など）とされた。もっとも町村名義のまま町村が直営植林を行うとか、町村有入会地として住民に積極的利用をはかるなど、町村名義のものは多かれ少なかれ町村が管理してきた。しかしこの溜池ではそういう事実はなく、全く水利組合員の協力によって維持、管理されてきたのである。

西さんは言う。

「岩出市は灌漑用水を使うことができればよいだろうという意向のようだが、これまで溜池の所有者だというだけで何もしてきていない。水管理、水さらえはもとより、堤防の草刈り、補強など、年々私共の祖先が、そして先輩や仲間たちが汗水垂らしてやってきた。私たち水利組合のかけがえのない財産だということを、岩出市やその他の人々に知ってもらいたいと思っております」

ちなみに、この裁判では被告岩出市には代理人弁護士がついているが、他の被告つまり水利組合員一七名は「私たちは裁判所の判断に従います」と意思を表明し、代理人弁護士はつかず、同じ被告でも岩出市とは態度が違うことを表明している。

平成二四年六月

追記

和歌山地方裁判所は平成二四年五月二九日、西さんたちの水利組合が本件溜池に共有入会権すなわち共同所有権を有することは認めなかったが、共有の性質を有しない入会権（当然水利権を含む）を有する、という判決言渡しをした。

山入りできないところに入会権はない？

和歌山県東牟婁郡本宮町（現田辺市）　平成二一年六月

紀州熊野三山は熊野本宮、熊野速玉《はやたま》、熊野那智《なち》の三社であるが、このうち本宮大社は全国熊野神社約三〇〇〇社の総本社である。この本宮大社には昭和五五年に、紀勢線列車新宮駅下車、そこから熊野川沿いに約一時間半バスに揺られたのち参拝した記憶がある。

平成二一年の初夏の候、この本宮で入会裁判があり、その協力を求められてこの地にやってきた。大阪から和歌山を通って紀勢線新宮駅下車と思ったら、はるか（二時間ほど）手前の紀伊田辺駅で現地の方が待っておられるので、そこで下車。それから車で本宮まで案内される。道路も屈曲が多く、時間も二時間近くかかるそうだ。

ともかく現在、本宮町は田辺市本宮町なのであるから、この紀伊田辺駅から入ってゆくのも当然かもしれない。だが、その車中で、出迎えに来られた世話役栗山一美氏の話。

「本宮町が合併する前は、急病人が出たとき救急車が新宮から来てくれて、連絡してから一時間足らずで新宮市の病院に行けたのですが、いま救急車は田辺市から来るので、市の病院まで着くのに二時間以上かかるようです」

案内されたところは熊野川沿いの、熊野本宮よりも少し上手の対岸にある六〇戸ほどの上切原《かみきりばら》という集落である。この集落の奥山に近い、もと上切原集落の共有地で現在本宮町有を経て田辺市所有となっている林地について入会権の存否が争われているのである。

この集落（だけでなくこの地方一帯）では古くから杉・檜などの個人仕立＝植栽が行われていた。いわゆる入会地の割山利用である。

集落の人々は林地内の適当な箇所に各自杉・檜を植付け、育林して成木を売却し、その代金の二割を集落に納めていた。これを二分口山と呼んでいたが、同時にその植栽地の権利を地上権と呼んでいた。植付けた杉・檜は誰に売ってもよく、また成木しないうちに売却することも認められているからであろう。ただ、立木伐採地に再造林するには改めて集落の承認を得なければならない、とのことである。

この地上権山＝二分口山を含む一帯の地上に電源開発株式会社が高圧送電線路を敷設し、線下地には地役権が設定され線下地補償（送電線地役権設定の対価）が地盤所有権者である本宮町（現在田辺市）に支払われた。線下地内の〝地上権者〟つまり植栽木の所有者に対しては本宮町から補償金が支払われたが、土地のもと所有者、上切原集落に対しては何の音沙汰もなかった。

地上権者というが植栽者はみな地元上切原集落の住民であり、その土地である二分口山、それ以外線下地になっている土地も上切原の人々が松茸採りに入っている。これらの土地はもともと上切原集落の土地だったのだから、上切原の入会地であり、線下地補償金の一部は当然、上切原に支払われるべきである。名義人である本宮町に要求しても、まともに取上げようとしない。ともかくこれらの土地が上切原集落の入会地であることを確認させようと、本宮町（いまの田辺市）を相手としてこれらの土地に上切原住民が共有の性質を有しない入会権を有することの確認を求める訴えを和歌山地裁田辺支部に提起した。訴訟の原告は、いわゆる地縁団体である「上切原自治会」となっている。

これらの土地はもともと上切原住民の共有（入会）地であった。土地台帳には冒頭、日付なしで所有者氏名「上切原村中」と登載されているが、その後、土地登記簿には次のように登記されている。

明治二八年四月三〇日　東牟婁郡《ひがしむろ》三里村大字上切原

大正一五年五月二二日　東牟婁郡三里村

昭和三一年九月三〇日　東牟婁郡本宮町三里財産区

昭和三六年二月一〇日　東牟婁郡本宮町（財産区廃止）

明治の地租改正で上切原村持入会地、明治町村制で三里《みさと》村大字上切原入会地と確認されている。それが大正一五年いわゆる部落有林野統一政策により三里村有とされ（取上げられ）、その後、地盤所有名義の変更があり、最終的には平成の大合併により田辺市所有林とされたのである。

そこで第一審判決である。地上権山は必ずしも入会権者全員が植付けするのではなく、植栽木は自由に外部にも売却され、二分口、つまりその代金の二割を三里村に納めることになっている。地上権設定地内で、地上権者の造林木以外の立木は村が伐採してきた。それ以外の土地で住民はシダ類、松茸などの採取をしてきたが、村＝町としては本来の目的である杉・檜の生産以外に重点を置かなかったから住民に自由に立入採取させていたので、入会権を認めたからではない、といって住民の入会権の存在を否定した。それが平成二〇年の三月。

私が伺ったここの訴訟のあらすじは以上の通りである。もとより集落の人々は大阪高裁に控訴しており、一年以上経過している。

熊野本宮から程遠からぬ地に紀州名湯の一つ、湯の峰温泉がある。話を聞き終わって、その夜はこの名湯に浸りながら考えた。

二分口山は入会地上の然るべき箇所に集落の住民である入会権者が杉・檜を植え育成するのだから、疑いもなく入会地の割山利用である。そしてその植栽木を成木後はもとより未成木のままでも第三者に売却することができる、いわゆる立木売りである（少なくとも未成木を売却する場合はなお成木に要する期間中、割山部分の土地使用権能を必要とする）ので、そのための必要な権利を「地上権」と呼んだのであろう。それはよいとしても、とくに上切原入会権者でない者も地上権を有しているから（植栽木を買い受けることによって）、立木の権利＝二分口山を入会権とは言い難い、というのが判旨の筋であろうが、これは日本の、少なくとも当地方の割地の貸付利用の慣習を無視している。

立木売買は奈良県吉野地方を中心にひろく見られた慣習で、立木を独立した取引対象とするため「立木ニ関スル法律」がつくられたのだが、私の知る限りヨーロッパには立木取引はない（すべて立木は伐採して取引する）。これは建物、竹木、石碑などのいわゆる土地の定着物は原則として土地の一部となるから、土地所有者と異なる場合は地上権その他の権利を設定しなければならないという考えにもとづいたものと思われる。日本の慣習を無視した判断は誤りである、という書面を提出させていただいた。

平成二二年七月

後日記

大阪高裁は平成二二年六月三〇日、控訴棄却の判決をした。二分口山については原審同様、植栽者が集落全員でないから入会権ではないといい、他の奥山については、現地は海抜七〇〇メートルを超える高地であり立入るのも容易でないから、住民の入会稼ぎがあったとは考えられない。したがって上切原集落住民の入会地であったとはいえない、と判示して入会権の存在を否定した。

一審、二審ともに全く入会権に対する無理解を示す判決であるが、とくに二分口山でない奥山についての高裁判決は見過ごすことができない。

いま田辺市所有名義となっているもと上切原入会地は、明治初期の地租改正によって上切原村持とされたものである。その地租改正事務局議定「山林原野官民所有区分処分方法」（第三条）には次のように規定されている。

「従前秣永山永下草銭冥加永等納メ来リタルト雖トモ嘗テ培養ノ労費ナク全ク自然生ノ草木ヲ伐採仕来ルノミナルモノハ其地盤ヲ所有セシモノニ非ス故ニ右等ハ官有地ト定ムルモノトス」

この土地は上切原村人の「培養の事実」があったからこそ地租改正で「上切原村持」とされたのである。ということは上切原村住民共有の入会地であったことが認められているのである。

「昔、共有入会地であった奥山に村人が山入りしなくなったからといって入会権が消滅するものではないでしょう」と、自治会代表中村昭雄氏は言われるが、全くその通りだ。第三者や地盤所有者が占拠して入会地の利用が侵害された場合はともかく、入会権という権利は消えることはない。山入りしないから入会権はないというこの裁判官の不勉強きわまりない判断は、捨ててはおけないのではないか。

ともあれ、この高裁判決が、地租改正事務局議定に違反していることは明らかである。それでは最高裁判所に上告受理の申立をするか。

いうまでもなく最高裁への上告の門はきわめてせまく、原判決が憲法違反の場合に限られており、そのほか最高裁また大審院判例に反し、または法令の解釈に重要な事項を含むと認められる場合に限って上告受理の申立ができる。問題は明治九年に公布された前記「地租改正事務局議定」の位置づけである。明治九年当時わが国にまだ憲法はなかったし、大審院判例もない。当時行われた地租改正事業はわが国の重大事業（土地所有権の確定、租税政策の基本）であったので、その事業の根拠となった明治七年太政官布告「地租名称区別」ならば土地憲法といってもよいのであるが、事務局議定というと一般の法律かそれとも行政命令か。

ともかくこの高裁判決がこれに反していることは事実であるから、最高裁に上告受理申立をして、どのような判断を下すか待つよりほかはない。

土地区画整理事業と財産区

大阪府箕面市小野原

平成一四年九月

大阪市の北に箕面《みのお》という市がある。梅田から阪急電車で三〇分ほど行ったところで、市の南部は大阪市のベッドタウンとなっているが、北部は高さ四〇〇メートルほどの山地で秋の紅葉が美しい、といわれている。市の東南部に小野原という地区があり、京から西に向かう西国街道の街道筋で、いまは宅地化が進んでいる。この街道から南に大阪へ向かう道路をはさんだ東地区は開発された住宅地となっているが、西地区は住宅地であるもののわずかな里山や森があり、いま土地区画整理事業計画中である。この西地区のうち約一〇筆ほどの土地の帰属について、住民共有の入会地なのか、それとも財産区有なのかについて裁判で争われており、それに協力を求められてここ箕面にやってきた。

やってきた、などというが、実はまだ暑い頃の日曜日、大阪箕面市の岡本常雄氏ほか一名の方および弁護士と、三人の方が博多まで来られて（みな初対面であったが、岡本という方からその数日前、相談したいことがあるので博多までお伺いしたいという電話があった）、いま箕面市で実施中の土地区画整理事業の対象地の中に財産区有であるか否かが裁判上争われているので協力して欲しい、と言われた。関心がもたれる問題であるが、ともかく当の担当者や弁護士大砂裕幸氏が直に来られて頼まれれば否応はない、ということでお手伝いかたがた研究目的で当地に参上した次第である。

小野原東地区では土地区画整理も終わり、いま西地区に区画整理事業を実施中であるが、この区画整理に伴って開発事業が行われると、残された緑の里山が失われる、という理由でこれに反対する人たちがこの訴訟の原告となっているのである。この人々は区画整理の終わった小野原東地区に新たに居を構えた人々と、残った里山のすぐ西に住む人々で、「小野原西開発を考える会」（以下「考える会」）を組織し、市に対して西地区の開発事業の見直しを求めていた。しかし区画整理事業の行われる予定地は自分たちの所有地でもなく、またその事業もさしあたって生命身体に危険を及ぼすものではないから、工事差止めなどの裁判に訴えることはできない。市との交渉もはかばかしくない。

そこで目をつけたのが、この予定地の土地所有権の帰属であった。予定地の一〇筆の土地は現在個人二名の共有として所有権登記されているが、平成一四年三月まで「小野原財産区」名義で登記されていた。これはもともと財産区の土地であり、したがって財産区住民である自分たちも意見を述べる資格がある。この人々はそう考えて、財産区名義の土地の登記抹消は不当であり、財産区への名義回復の是正措置を求めて平成一四年五月に住民監査請求の申立をした。これに対し箕面市監査委員から、財産区有名義に戻すよう市長宛勧告が行われた。しかし、市長は地元住民（補助参加人となっている人々）からの反対や、また専門家の意見を聞いた上で、これらの土地は地元住民の共有入会地である、と判断し、監査委員の勧告に従わず財産区名義への回復登記手続きをしなかった。そこで考える会の人たち一九名は平成一五年、財産区管理者である市長を相手として、これらの土地について、現在二名共有名義の所有権の抹消登記手続きをとらないのは地方自治法上の「怠る事実」にあたり、違法であることの確認を求める住民訴訟を提起した。これに対して、この土地が財産区有でなく小野原在来住民の共有入会地であると主張する住民約二〇〇余名が被告側に補助参加した。これが私が伺ったいままでの経緯である。

「さきに区画整理によって造成された宅地に入った人たちが、後から行われる区画整理事業に反対、ということですか」

いささか意地悪い質問だが、私がそう尋ねると、

「……それはともかく、市民である以上、市の事業について批判する権利はありますから。ただ、立場を変えて見ても、いま計画されている区画整理事業が環境悪化を招くとは考えられません」

という岡本氏の回答である。

現地は小野原西地区内の東寄り（大阪市に向かう道路に比較的近い）に点在する一〇筆の土地で、その現状（地目）は山林、原野、墓地などさまざまであるが、そのうち春日神社の境内地が約二ヘクタール、あと墓地が〇・五ヘクタールほどあり、それ以外は一〇〇平方メートル前後のごくせまい土地で現在格別使用されていない。

これらの土地はいずれも土地台帳上、「共有地」と登載されただけで未登記のままであったが、昭和六三年と平成元年にかけて、この一〇筆を含む約二〇筆の小野原「共有地」が「小野原財産区」の名で所有権登記された。そしてそのうちの数筆がある事業のため大阪府に売却され、残った部分がこの一〇

筆である。この所有権登記は一部の土地売却の必要から行われたものであったから、その後、小野原地区在来の住民から、これらの土地はもともと小野原集落住民の共有入会地で、財産区有として登記したのは誤りであり訂正して欲しい旨、市長に申入れがあり、市長は調査検討した上その申し入れに応じて財産区名義の保存登記を抹消した。その後、平成一四年三月、小野原住民はその代表者二名の名義で所有権保存登記をした。当然ながら登記上所有者である二名はただの二名でなく、実質は小野原共有者集団の代表者なのである。この一〇筆の土地が住民共有の入会地か、それとも小野原財産区有の土地かが争われ、それについての調査と、この訴訟への協力を私に求められたという次第である。

早速、市の担当者方からはもとより、小野原住民の代表者の方々から話を聞いた。まず感心したことは、共有入会権者が二〇三名とはっきりしていることである。この小野原のように市街化したところでは、外からの転入により世帯が増加し、一方入会地の利用も少なくなることから入会地の管理もおろそかになり、そのため入会権者の範囲、誰が入会権者であるかがはっきりしなくなることが少なくないのに、ここではその範囲、入会権者がはっきりしているのである。このことは在来の住民が組としてこれらの土地を管理してきたことを示すものである。とくに神社の森や墓地などについて管理を怠らなかった。「もともと地元入会権者全員の土地であるから元に戻してほしい、という要望で、入会権者二〇三名の代表二名の名に所有権移転登記したのに、それを特定の二人の個人財産にしたのは不当だ、と主張するのは誤解も甚だしい」とは入会権者である住民代表の方々の意見である。

平成二一年五月

後日記

平成一六年一月二〇日、大阪地方裁判所は、箕面市長がこれらの土地について、二名の所有権登記の抹消登記手続きをしないのは違法である、という判決を下した。つまり市長側が負けたのである。その理由は、「小野原財産区が現存し、本件各土地は財産区の財産であるというべきである」とのこと。

これらの土地は財産区名義で登記される昭和の終わりまで、公簿上「共有地」であったから、当然小野原組（集落）住民が地租を負担してきた。そしてそれまで小野原地域に、市町村の一部（かたわれ）のような財産区という公的団体、公的機関は存在しなかった。財産区というものは市町村合併のとき以外、新たにつくることはできないのである。

本件各土地について、各土地台帳には「共有地」「村持」などと記載されていたこと、財産区の名で登記されたとき以外は地租税及び固定資産税が長年賦課されていたこと、本件各土地が往古より現在もなお在来の小野原住民（入会権者）が直接管理していること（財産区管理者である被告箕面市長は、一切管理に関与すらしていない）、さらに区会などの公的機関は一切設置されていないことが明らかである。以上から当然、共有入会地であると結論づけるべきであるにもかかわらず、本判決は「以上の事実を総合すると、……（この各土地の中にはかなり広い春日神社の境内地がある）小野原財産区の財産というべきである」と見当違いの判示をしている。

財産区有とされた財産の管理者箕面市長は市議会の議決を得て大阪高裁に控訴した。ところがその年の六月、市長選挙が行われ、市長が替わった。この事件の控訴取下げを主張する、考える会の人々たちから支持を得た新市長が当選し、市長交替となった。新市長は市議会に控訴取下げを明言し、一年後の二月に控訴取下げ手続きをとった。

これによって一審判決が確定し、箕面市長はこの土地を小野原財産区所有として登記名義回復の措置をとらなければならないことになった。しかし土地の所有名義人である二名は単なる個人でなく、入会権者である住民二〇〇余名の代表であるから、その登記名義変更に応ずることがない。そのためには市長がこの二名を相手として所有権移転（または抹消）請求の訴えを提起しなければならない。その訴えの提起には市議会の同意が必要である。だが市議会は前市長の与党が多数を占めていたので、反対派市長の提訴には応じない。いま膠着状態ということになるが、この裁判が確定してどういうことになるか。

新市長が控訴を取下げてから二年半経ったある日、市長と原告だった考える会の人たちの間で和解が成立した、という連絡を岡本氏から受けた。

誰と誰が何について和解したのか？　その後のいきさつはこうだった。市長が小野原住民（補助参加人）を相手に登記名義回復の訴訟を提起しない（事実上できない）ため、原告だった考える会の人たちは、その一年後の平成一八年三月、市長を相手として損害賠償の訴えを提起した。どのような損害なのか明らかではないが、ともかくその一年余り後の一九年八月に、市長とこの原告たちとの間に和解が成立した。その和解の骨子は、

①この土地が財産区の所有であることを確認し、補助参加人である小野原住民は、和解を原因として

所有権移転登記をする。

②右の所有権移転登記が完了したときは、原告ら住民は損害賠償請求の訴えを取下げる。

というのである。

「所有権移転登記というけれども、小野原住民はこの訴訟に参加しているのですか」と私が尋ねると、岡本氏は言う。

「参加していませんから、代表者である登記名義人は強制されません。第一、市長は前の裁判で補助参加人である小野原住民の反対を押切って控訴を取下げたので小野原住民の訴訟の権利を妨げたことになり、小野原の人々は法律上、移転登記を強制されないと思います」

整備された小野原地区
（岡本常雄氏提供）

ところでこの訴訟は土地が財産区有か小野原住民共有であるかが争われているのであって、その土地が小野原住民の入会地である（住民が入会権を有する）ことについてはふれていない。したがって小野原住民はこの一〇筆の土地を従来通り墓地その他の用地として使用することができる。ただ土地が財産区の所有である（登記にかかわらず裁判で確定している）から、この土地を売却したり第三者に貸付けたりするには市議会の同意が必要となる（この土地が本来小野原財産区の所有であったなら「小野原財産区議会」または「財産区管理会」という機関が存在したはずであるが、正体不明であったためそれはない。この場合、財産区についての審議は市町村議会が行う)。いまのところ小野原住民は市の区画整理案の大筋については同意しており、入会権の行使に支障はない。

「原告たち、考える会の人たちはどうなるのでしょうかね」と、この土地部門担当の人たちも首をかしげている。

「土地が財産区有であるからといって、入会権者でない財産区の住民は――この原告たちも含めて――この土地に立ち入り使用できるわけではない。これは市町村有入会地でも入会権者ではない市町村住民が勝手に立入り使用できないのと全く同じです。ただ、財産区の管理者である市長と『市議会』に対して、適切でない――環境悪化を招くような使用をさせないよう要請することはできるでしょうな」

というのが私の意見。

だからといって市長や議会は小野原住民の意見に反して処分、開発はできない。

「一市民として見た場合、いまこの地区の区画整理事業は環境悪化をもたらすとも思えないし、小野原住民も賛成していますよ」との岡本氏の言だ。だからこそこの裁判は何のためにやったのか、私は未だに分からない。

平成二三年九月

追録――新稲の溜池

平成二三年、夏の暑さもやわらいだ九月半ば過ぎ、この箕面市小野原地区での区画整理に伴う紛争のとき、市の担当者として尽力された新屋嘉男氏から、同じ市内で溜池について問題があるので調査、協力して欲しい、という依頼があった。場所は市の東にある小野原とは逆に、市の西端に近い新稲《にいな》というところで、とりあえず新屋、岡本氏ともども現地で話を聞いた。

この新稲というところは箕面市街の尽きるところ、海抜三五〇メートルほどの箕面山のふもとの地域で、そこにそれほど広くない溜池が五つ六つ並んでいる。

なるほど背後の山からの流水をここに溜め、その水を下にひろがる水田に灌漑用水として供していたことは容易に想像できる。想像でしかないのは、いま水田はほとんどなく、全体が住宅地となり、その間に畑地耕作が行われている状態だからである。

いま新稲水利管理組合がこの溜池を管理している。組合員約四〇名だが、他に新稲地区住民でなく、従って組合員でない水利用者が五、六名いる、とのことである。ところで、この溜池の底地所有者は登記上二二名の共有となっている。これは明治期に新稲集落の溜池利水者が二二名であったからであるが、このうち三名（戸）はすでに地域外に転出し、農地も所有していない。

この登記上底地の共有権者たちは、もとよりこの溜池が二二名の個人的な共有地だとは考えていない。転出した人たちも同様であるが、ただその転出者が亡くなり、その相続人＝次代となると溜池水利組合所有の土地であるという認識が薄くなる。都市化の著しいこの地帯ではあまり質の良くない業者（地上げ屋）がその共有持分を買い受けて（本来無効なのであるが）、所有権登記名義を理由に、管理所有者である組合に言いがかりをつけてくるという事例が稀ではない。ここでも、ある転出者の相続人に共有持分権の買受け申入れがあったようだが、いまのところ変動はない。しかし、そのようなことが生じないよう水利管理組合の組織をどのように固めてゆくか。とくに地盤所有者との関連を明らかにすることが必要。心して当たらなければならない。

五〇年前の入会裁判　京都府竹野郡丹後町是安（現京丹後市）　平成一八年一二月

全国に難読――読みにくい、ふりがな（ルビ）付きでないと分からない――地名は少なくない。格別難しい漢字ではないが、通常の読み方では全く見当がつかない、という地名がある。京都市の「太秦《うずまさ》」など、その代表格であろう。幸い映画村といわれ、また山陰線の駅名となっているので読める人は少なくないと思われるが、では同じく京都府の北端にある丹後町役場（現京丹後市丹後市民局）の所在地「間人《たいざ》」を読める人は、近在の人を除いては、ごく稀にしかいないのではないだろうか。

ここ丹後町間人は日本海に面した景勝の地で、その昔、聖徳太子の母后間人皇后《はしうと》が戦乱を避けてここに身を寄せられたのち、この地を去るときに間人の名を贈られたが、人々は皇后が退座されたことにちなみ、その名を「たいざ」と呼ぶようになった、ということである。

この間人（集落）から丹後半島を日本海沿いにさらに進めば、景勝経ケ岬《きょうがみさき》に着く。約三〇年前の冬二月、日本海の荒波を眼下に眺めながらこの地を訪れたことを思い出す。

ここで少し横道に入るが、地名というものは地形や歴史的に由緒あるものだから、安易に改廃すべきものではない。難解な漢字をやさしい漢字に変えることは致し方ないが、由緒ある地名を訪ねていったらそのような地名はなく、「〇〇市中央二丁目」になっていた、などという事例は愚の骨頂である。漢字は難しいからとて地名をかな（ひらがな、またはカタカナ）にするのは反歴史的であるばかりでなく、非国際的である。韓国の釜山、大邱は日本人にも（それを日本語読みしたとしても）どこであるかは分かる。しかし「서울」（ソウル）と書かれると読めない人がきわめて多い。同じように東京、京都と書いてあれば韓国の人々はトンギョン、キョンドと読み、どこであるか分かる。しかし、かなで「さいたま」などと書かれてあれば読むこともできず、どこか分からない。中国でも、北京、上海などは日本人も中国語発音に近い呼び方をし、大連、広州など日本語読みだが、どこかは分かる。中国の人々も東京、京都はそれぞれ中国語読みでどこか分かるが、「さいたま」のほか、「つくば市」とか「南アルプス市」などは読むことができない。漢字地名の安易な「かな表現」が、いかに非国際的であるかを知るべきであろう。

本題に戻って、この間人から南約一里（四キロメートル）に是安《これやす》、その東に吉永という集落がある。実は昭和三〇年代に、この二つの集落の間で入会地をめぐって法律上、財産区の土地であるか否かについての裁判があり、その判決がきわめて重要な意味をもっているので、その経緯のあらましを知りたいと思ってここを訪れた。

この裁判の判決文には当事者五、六名の方の住所・氏名が記載されている。ただ当事者といっても、すでに五〇年近く前のことであるから、いまご健在であるかどうか分からない。それらの方のあとつぎ（子息）か、集落の代表者（区長）の方々から話を聞くよりほかはない。

間人から是安というバス停で下車。判決に当事者としてその名が載っている是安の山中鹿之助さん（もとより歴史上の人物とは別の人である）の家を訪ね、そのご家族の方にでも話を伺いたいと思い、山中さんのお宅を伺うと、有難いことに山中鹿之助さんはご健在。当方の氏名と、お訪ねした由来をお話しすると、「まあ入りなさい」と快く迎え入れて下さった。

「もう五〇年も前のことでよく覚えていないが、あれはここ是安と、隣の吉永との間で土地がどちらのものかと争ったもので、この事件はそんなに有名なのかね」

さて、有名かどうか分からないが、この判決で争われた事実、何が争われたのか、そのいきさつを明らかにしたいと思っていた。これまで見聞した資料と山中さんのお話によると、事のいきさつはあらまし次のとおりである。

この土地一帯はもと大字是安と大字吉永との共有入会地であったが、大正一四年に当時の豊栄村《とよさか》に統一移転された。豊栄村は昭和三〇年に間人町などと合併して丹後町となるが、その前の昭和二五年にこの山林は吉永区に払下げられ、吉永区は四名の代表者名義で所有権登記した。この山林の所有権について是安区が、是安区の名で吉永区代表四名のほか山中さんら二名を相手として所有権移転登記を求めて訴えを提起した。この訴訟の原告である「是安区」が財産区であるか否かが問題となったが、第二審大阪高等裁判所は昭和三〇年一〇月三一日、かつて財産区有の土地であっても町村有となり再び集落に払い下げられた土地は「財産区」有となるものではない、という注目される判決をしたのである。財産区とは明治二二年町村制施行のときに区の財産とされたもののほか、市町村合併のとき以外に新しく創設することができないので、この判決は当然であろう。だが実際には地元集落に払い下げられた山林が区有とされ、町村長管理とされ（のち町村有に統一され）た山林原野が少なくない。また、区有すなわち財産区有として安易に市町村長管理とする傾向もなくはないので、この判決のもつ意味はきわめて大きい。

「そういうものかね」と感心される山中さんは是安集落の住民である。それなのになぜ、是安区が吉永集落を相手に起こした訴訟で相手方（被告）にされたのか、と尋ねると、「この吉永集落の所有とされた土地の一部に、私のほか一名の個人所有地と接する部分を分筆して買受けたからだよ」ということである。

この裁判は差戻された京都地裁峰山支部で和解が成立。吉永集落の所有権を認めるとともに是安集落に立木所有の権利を認める、そして山中さんたちの権利はそのまま認められた、とのことである（昭和三三年二月一八日）。

なお、四名共有で所有権登記された吉永集落の入会地は昭和六一年に京都府造林公社のため地上権設定登記、そして平成一四年、委任の終了を原因として吉永自治区（いわゆる地縁団体）名義に所有権移転登記されている。

北も南も有名な観光地　広島県大竹市

平成一〇年一二月

国鉄（現ＪＲ）山陽本線（在来線）の上り列車が岩国駅を出て間もなく、約二〇〇メートルほどの河川鉄橋を渡る。小瀬《おぜ》川という、さほど大きくない川があり、ここは山口県と広島県との境界である。上り列車がその鉄橋をわたる直前に、対岸（広島県側）の川下数百メートルのところ、堤防沿いに、いささか貧相な木造建てが一棟だけ建っていた。以前、博多と東京、関西とを往復する折、陽のある間は必ずこの建物を眺めたものだったが、いまは新幹線を利用するため、この小瀬川鉄橋を通ることも少なくなった。そして、この建物もすでになくなった。

この建物、といっても特殊な建造物でも、とくに由緒ある建物でもなく、ほとんどの人々にとっては全くの「何でもない」建物であるが、私（とごく少数の者）にとっては忘れることのできない建物である。というのは、私（たち）はこの建物で、わずか一か月間であるが生活したからである。

昭和二〇年の二月末、雪の降りしきる中を、玄界灘をわたって夕刻、下関港に上陸した。私たちは海軍予備学生として中国の旅順（当時は関東州といい、日本の統治下にあった）での約五か月の基礎教育訓練を終えて陸路、車中三泊ののち釜山に一泊したあと、玄界灘をわたってきたのだが、久方ぶりに見る緑の山が懐かしかった。早速、山陽線の列車に乗せられて、その日も終わろうという二三時五〇分、大竹駅で下車。それから雪の降りしきる夜の暗い道を約二〇分ほど歩いて辿りついたのが、この建物の前だった。ここは潜水学校の本校とはかけ離れていて、海兵団の中らしく、建物も急ごしらえのようだ。

その建物の正面入口の前に整列させられたが、何とその入口の看板に「特攻部隊」と書いてあるではないか。思わず慄然とした。旅順で基礎教程が終わり、進むべき専門課程として特殊兵器（ハワイ真珠湾に突入した特殊潜航艇のようなものではないかと推測していた）乗員を志願し（させられ）てここまで来たのだが、「特攻部隊」とは！　我々が乗るのは体当たり兵器なのか？　だが、まだ何も知らされていない。これからの訓練で分かるだろう、と、ひとまずはそう考えずにはいられなかった。

この建物が我々特攻部隊志願者（?）の宿舎兼校舎なのだが、翌朝この建物（学生舎）の裏口（南）側を見ると、余り広くない校庭があり、その前に低い小瀬川の堤防が左右に続いている。ここには外部を遮断する塀も壁もない。その向こうが岩国、工場街が白煙、黒煙を上げている。だが、ここは海岸から一〇〇〇メートルほど離れており、施設としては何もなく、潜水艦についての実習はすべて潜水学校本校まで行かなければならなかった。本校の実習で初めて潜水艦に乗組んだ。そのときは海底沈座だけで海中航走はしなかったが、艦内が非常にせまかったこと、初めて手にする潜望鏡の眼前に現われた厳島の美しかったことが印象に残っている。

終戦後五〇年、私たち〝同期の桜〟約五〇名が、この一年間の、苦しかったが幸いに死なずにすんだ記録を『貴様と俺の青春賦』として一冊の書にまとめ、二度と戦争を起こしてはならない、という思いをこめて出版した。私もその編集委員の一人であったが、これには思い出深い大竹や平生《ひらお》、小豆島なども当然記録されているので、その当時お世話になったことに対する感謝の意を含めてそれぞれの町に寄贈することにした。ただ役場などに送っても当時の事情を知る人はきわめて少ないであろうから、事情説明とお礼をかねて直接持参した方がよい、ということになり、大竹には私がお届けすることになったという次第である。

大竹駅で下車し、徒歩一〇分足らずで小瀬川の土手に出る。それを川下に歩いて、これも一〇分足らずで昔の校舎跡と思われるところに来る。ここから川上に向けては家が並んでいるが、この辺は雑草ばかりの空地である。少し川上は工場用地となっており、それから先は白煙の見える工業地帯で、眼前の印象は五〇年前と余り変わりない感じである。

大竹市役所は大竹駅と岩国とは反対方向の玖波《くば》駅との中間にある。大竹駅から山陽線沿いに国道二号線が並んでおり、市役所まで約二キロ、歩いて行けないところではないが、道路にはひっきりなしに車、車、車。歩いていくのは危ないのでバスで、と思ったが、この間にバスはないとのことである。そこで大竹駅の近くからタクシーで行くことにしたが、行き交う車はほとんどが大型トラック運送車、中型運送車で、自家用車もあるがバスらしき車は一台もない。そしてこれら大型中型のトラックのうち少なからぬ分が、ここ海岸に連なる工場に出入りしているのであろう。

大竹市役所では市長にお会いしたが、市長も終戦当時、海軍兵学校在学中であったとのことで、当時のころの思い出にしばし話がはずんだ。私が、大竹は昔は海軍の町だったが、いまは何の町かと尋ねると、今は工業の町だと言われる。確かに海岸沿いに、岩国に至るまで工場が続いている。「南に岩国、北に宮島とどちらも有名な観光地だが、この大竹の市街地は南北に細長くて、格別見るところはないにしても、西側の山や丘には美しい名勝地がありますよ」とその名をあげて一度行くようすすめられた。

市役所を出て西側丘の上にある亀居《かめい》公園に登った。五〇数年前、潜水学校の存校中、一度だけ許された外出のとき、町の西の丘に登り、早春の瀬戸の海、厳島を眺めた記憶がよみがえった。その丘がここであるか否かは分からないが、ともかく平常のさえない事業服でなく、ネイビーブルーの士官服に短剣という晴れ姿(?)での外出で、板につかない海軍士官(候補生)であったが、品格を損なうことのないよう気をつかったものだった。というのも海軍は躾《しつけ》、マナーが厳しく、士官としての品位を身につけなければならない。そのため「海軍士官心得」という冊子が各自に配られたことを思い出した。よく読んで身につけておけということであるが、かなり細かなことまで書いてあった。いまは全く忘れてしまったが、ただ二つだけ覚えている文言があるので記録にとどめておきたい。

その一は食事の心得である。平和な時代には遠洋航海で外国を訪問することもあったから、当時日本人としてあまり慣れていなかった洋食時の作法も懇切に説明してあった。曰く「先ヅオードブルガ出ル」……「おい、オードブルってどんな食べ物だ」、「さあ知らんな、肉料理だろうが食べたことはない」。当時は戦争末期、日本人全体がろくに食べるものがなかった時代である。

その二は、「ブラックニ手ヲ出ストモホワイトニ手ヲ出スナ」……ご想像にお任せする。

原発で汚すな瀬戸の海　山口県熊毛郡上関町

平成一四年一一月

山口県の一番西にある下関、そこから瀬戸内海沿いを伝って一番東にあるのが上関、ついでにその中間にある防府はもと中関といって、いずれも古くからの港であった。上関町は本土と細い海峡を隔て、長島という島にある（以前は一島一町であったが、いまは対岸の室津も含め上関町となっている）。

その上関町長島の南端の土地を中国電力が原発建設予定地として買収し、建設計画を始めた。その対象となった土地は個人有地もあったが、四代《しだい》という集落の共有（入会）地と氏神である四代八幡宮所有名義の土地とが、地元住民中少数の原発設置に反対する人々の意見を無視して中国電力に売却（一部土地交換）された。これに対し集落の共有地について少数の反対者が、その土地が四代組住民の共有の性質を有する入会地であることの確認と、その土地の原状変更禁止を求める訴えを提起しており、原発設置に反対する山口、広島の人々がこの訴訟を支持している。神社所有名義の土地については、その神社＝四代八幡宮の宮司が原発反対で現在当地に不在（行方をくらませている）とのことである。

平成一四年一一月、原発反対、長島の自然を守る会の方の案内で現地を訪れた。私のほか矢野達雄（広島修道大学教授）、野村泰弘（島根大学教授）各氏と一緒に山陽線柳井駅前からバスで室津へと向かう。しばらく行くと、懐かしの神花山《じんか》を右に見て、美しい瀬戸内の海岸を走って室津に着く。

ここは私だけの思い出であるが、神花山とは海岸沿いにある海抜四〇メートルほどの小高い丘で、戦時中この海岸に面して海軍潜水学校（分校）が置かれ、その校庭内にあった。終戦間近い昭和二〇年春、私は特殊潜航艇艇長要員としてここで鍛われたが、そのときしばしばこの神花山にかけ足で登り、英気を養ったものである。

そして、この海で忘れることのできないのは夜間カッターである。それは日没後、一日一個班（約一四人）が一隻のカッターを漕ぐこと二、三時間、然るべきところに着岸して艇の中で仮眠をとり、翌朝起床時間までに帰校する、というたてまえであったが、実際は着岸して上陸、どこかに宿を借りて一夜を過ごすことが認められていた。私の班の第一回の行く先は、上関だった。五月の夜、暑からず寒からず、漕ぐカッターのオールの波に光る夜光虫が美しい。暗くはあるが、山の姿は分かる。さて上関へ着岸、カッターが流されないようしっかり繋留して上陸。少しばかり歩いて学校の講堂のようなところに案内された（班の責任者が前もって連絡しておいたらしい）。ここにマットを敷いて休むことになるのだが、一二、三歳の可愛い女の子が四、五名いた（私たちを迎える準備をしていたらしい）ので、ここはどこかと尋ねると、「上関国民学校」（当時は小学校を国民学校といった）と答えてくれたのがいまでも忘れられない。

想いは消えないが、再び現実に戻る。ここ室津から守る会世話人の方の案内で、上関大橋を渡って対岸の長島の玄関口である上関集落から東海岸の余り広くない道路を約三〇分、その行き止まりが四代の集落である。

ここの東側は海、ほかの三方は高さ一〇〇メートルを超える丘陵、一〇〇戸ほどの家が一か所にまとまったような集落で、田畑は見当たらず、漁業で生きてきたむらであることがよく分かる。

原発設置の予定地はこの集落の背後の海岸で、陸路は山越しして行かなければならない。守る会の方の車でその山に登ってゆくと、わずかな平地があり、そこで下車、甚だ眺望のよいところである。原発建設予定地はここから約十数メートル下った海岸の断崖で、歩いてゆくしかない。急峻な坂の小径を下ってゆくのであるが、下るのはよいとしても再び登るのが大変なので、それは壮年の教授たちにお任せすることにした。

再び四代集落に戻って、この裁判の原告代表である亀田トリさんのお宅でこれまでのいきさつを聞いた。原告四人、これで全員である。女三人、男一人、いずれも七〇歳以上の方ばかりである。亀田さんは八〇歳を超えておられるが、「昭和四〇年ごろまでは採ったイリコやワカメなどを大釜で煮るための燃料として薪などを採っていましたが、いまはそれもほとんどありません。だが、ここは海岸沿いの林だから、魚付林としての役割を果たしているだけでなく海岸防風のため大切なところですから、絶対に残しておかなければならないところです」と言われるように、その説明はきわめて論理明晰、裁判所で証言もしておられる。

すでに数年前、中国電力はこの地を原発設置予定地として、近くに土地を取得していた。それが最近具体化して四代組共有（入会）地を手に入れようとして、土地の交換（実質的に買収）を申入れてきた。そのときの区長が四代の小組長の集まりである役員会にこの土地の交換を提案したところ、役員会全員が賛成した（反対がなかった）ので、区長の名で土地所有権の移転登記をした。だが役員会では賛成したが、それぞれ小組長が小組で審議したわけではなく、集落の中には原発ということで反対する人々も少なくなかったという。そこで早速、亀田さんたちは原発反対の会の方々の支援を得て、中電を相手として、この土地が四代集落の共有入会地であることの確認と、入会地上の立木の伐採など土地の状況変化禁止とを求める裁判を山口地裁岩国支部に提起したのであった。

最初は集落約一〇〇余名（戸）中一〇名以上が反対で、裁判に参加するはずであったが、最終的に原告はこの方々四名になった。そこに一つ大きな問題があった。この入会地の共有権者は四代集落のほぼ全員、約一〇〇名である。それなのにわずか四名で一〇〇余名の入会地であることを認めよといっても裁判所は認めない（これには最高裁判所の判例がある）。そこで全部で一〇〇余名の入会地であることを認めさせるには四名以外の約一〇〇名に原告として参加してもらうしかないが、それができない。そうであれば、四名と一〇〇余名との共同所有であることを認めさせるためには、中国電力の他に約一〇〇名を裁判の相手としなければならない。わずか四人が中国電力ばかりでなく、集落の人々を被告としなければならない。平常の村でのつきあいで気の重いことはいうまでもない。

話を終えて海に面した小広場に出ると、船着場のあたりに地元の人々が何となく立っているが、もとより私たちが原発工事反対の運動のために来たことは分かっている。この人たちだけでなく、この集落のほとんどの人が原発反対裁判の被告だから、反対者にとっては敵だということになる。だが、この人たちは必ずしも私たちを警戒一色の目で見ているのではない。そこで私はそのうちの一人になぜ原発のため土地を売るのか、原発ができたら漁業はどうなるのか、尋ねてみた。すると、「もう漁業からのあがりも少ないし、これからも望みが持てない。それより補償金をもらって大阪の息子のところに行こうと思っている」ということで、これに返すことばがなかった。

それから間もない翌一五年三月、山口地裁岩国支部は中国電力に対して、立木伐採など入会権の侵害となる原状変更を禁止する一方、四代入会権の存在を認めるためには入会権者全員で訴えなければならない（したがって四名だけで訴えても駄目だ）という、訴えを却下する判決を下した。この判決は、中国電力の土地に対する立木伐採や開拓事業を認めない、というのであるから、まずは現状を正視した正当な判断をしたといえるのだが、そのあとが問題である。この訴えは入会権者全員で訴えていないから、入会権確認の判断をすることができない、というのである。

入会権者全員がそろって訴えることができる状態なら、訴える必要はない。入会権者の間で意見が分かれ、対立するからこそ裁判に訴えているので、しかも原告四名・被告約一〇〇名の入会集団四代組の共有入会地であることの確認を求めているのだ。それをただ原告が全員でないという理由で門前払いするのは不当といわざるをえない。

この土地は土地台帳上「四代組」と表示され、土地登記簿表題部に「四代組」と表示されていたが、

四代共有地の森

「真正なる登記名義の回復」という理由で「山谷良数」名義に訂正され、山谷良数名義で所有権保存登記された上、中国電力が交換によってその土地所有権を取得したことになっている。「山谷良数」という人は四代区長で入会権者の代表としての地位にあるが、役員会の総意だけで入会地の売却を決めた人である。そのことは非常に問題があるが、まずその土地の交換（実際は売却）の手段に疑問がある。

土地台帳＝登記簿表題部に「○○組」と記載された土地は例外なく入会地である。これを売却する場合、所有権登記が必要であるが、○○組や大字○○では登記ができないので、実在の人（町村などの公共団体でもよい）の名で所有権登記をしなければならない。それには多少複雑な手続きが必要であるが、ここでは組の所有からいきなり山谷良数個人所有となっている。

通常一般の登記手続き、法務局（登記所）の事務取扱いから見れば、このような、いとも簡略な手法は認められないはずである。それが認められたことについて疑念を抱いているのは私だけではない。

しかも、この組共有地を中国電力に売却（形式上は交換）することについて、山谷代表者は四代組役員会全員の同意は得ていても、四代組入会権者全員の同意を得ていないのである。この四代組共有地処分について、住民中、少数ではあったが反対があったため、組の集会を開かなかったと同人自ら認めているのである。

ところが、思いがけない、そしてとんでもない事態が生じた。それは八幡宮の宮司が辞めさせられて交代、新しく選ばれた宮司が神社有名儀の土地を中国電力に売却したのである。詳しくは分からないが、宮司の任免は宗教法人八幡宮の役員会で行われる。役員会は三人以上の責任社員をおき、そのうちの一人が代表役員となるが、代表役員は通常宮司である。この八幡宮役員会が神社有名義の土地を原発のために売ることをしない、と決めればそれでよいのであるが、事実は逆で、四代集落の役員中のいわば有力者が法人の責任社員に就任しており、この人たちは売却賛成派のうちの、それも積極派であった。であったればこそ、売却反対の宮司が姿をくらましたのである。若干推測が加わるけれども、役員会は宮司林春彦氏が不在・不参加を理由として同宮司を解任、そして新しい宮司を選任したもようである。後任の宮司は原発賛成派であり、そのため宗教法人代表委員の交代をしたのだ。代表社員たる宮司の選任には県神社庁の承認が必要であるが、山口県神社庁はいともあっさりこれを――つまり林宮司の解任を承認したのである。

そこで当然、新たな裁判を提起せざるをえなくなった。一つは、この神社有名儀の土地が実際は住民の共有入会地であって八幡宮の所有地でないから、八幡宮宮司から中国電力への売却は無効である、という訴訟と、もう一つは宗教法人八幡宮における不当人事――一方的な宮司の解任が不当であるという訴訟とである。

こうして四代原発予定地反対についての裁判は、漁業権侵害に対する訴訟も含めていくつかの訴訟が行われることになった。

私は中電に売渡されたことになっている神社有名義の土地についての訴訟のお手伝いをすることに

なった。一時不在であった八幡宮宮司林春彦氏も当地に帰られ、一緒に闘ってゆくことになった。この四代八幡宮は神職常在の宮でなく、本土室津に鎮座する賀茂神社の林宮司が兼担しておられた。林宮司が四代八幡の管理責任者であったから、その承諾なしに土地の売却などできない。そのために一時姿をくらませていた、とのことである。この神社有名義の土地は一般に八幡山《はちまんやま》と呼ばれ境内地ではなく、住民がかつては採薪などに入山しており、以前ある旧家の土地であったものを大正末期に四代組の人々の拠金で買い受けたが、四代組の名で所有権登記ができなかったため八幡宮名義で登記したものである。つまり実質的には四代組の共有入会地である。ここでも、原告は亀田トリさんら四名、被告は中国電力とほかの約一〇〇名である。

四名対一〇〇名と電力会社。力関係では明らかに四名の方が不利だが、実際原発設置反対の人々はこの四名だけではない。四代の人ではないが、この訴訟を支えている人たちは多数いるのだ。訴訟、弁論のときに多数傍聴に参加してくださっている。中でも林春彦宮司、その御舎弟の林真木雄氏（東京で教員をしておられる）、現後援会長の河本広正氏、隣町田布施町議員の小中進氏、そのほか守る会の代表、広島の木原省治氏や「原発いらん！ 下関の会」の沢村和世さんたちから熱心に応援して頂いている。

平成二〇年七月

後日記

平成一七年一〇月二〇日、四代組共有地についての控訴審広島高裁の判決が出された。よく「不当判決」とか「解釈を誤った判決」などというが、この判決はそれどころではない、全く〝恥知らずの判決〟である。裁判の当事者については問題にしなかったが、この土地は四代組の共有の入会地であったが、のち四代組が四代区と呼ばれるようになり、住民の共有ではなく区の所有地となったため住民の入会権は共有ではない（土地所有権を有しない）入会権となり、もう二〇年以上土地に立入っていないから時効によって消滅した、というのである。裁判官ならずとも（少なくとも法律を知っている者なら）、このようなウソで練り固めたことは言わぬものである。全国どこにでも区と呼ばれるところがあり、東京都や政令都市以外でも区と呼ぶところがあるが、それはほとんど町内や組などの別称である。呼び名が変わったから権利の性質が変わった（所有権が所有権でなくなった）という裁判官は無智でなければ恥知らずである。入会権は土地の所有権だから時効によって消滅することはなく、共有でない入会権は時効によって消滅することはあるけれども、それは入会地に立入ることができなくなってから二〇年後のことで、立入らなくなってから二〇年ではない。四代の入会地はこれまで立入不能になったことはなく、立入らなくなったこともない。確かに立入る人も時期も少なくなっているけれども、わずかながらも土地が利用されていることは第一審の判決でも認めているのだ。

時間的には少々飛ぶが、平成二〇年四月一四日、最高裁判所はさすがにこのような恥知らずの判決を認めなかった。最高裁五名の裁判官のうち、この土地の売却については役員会の全員賛成だけで住民全員の意見を聞いていないから、この点を明らかにするためにこの裁判は高裁に差戻し審議し直すべきだという二名の裁判官に対し、いままで入会地の一部を県や町に売ったとき役員会の意見だけで決定しており、改めて住民の意見を聞いたという例がないから、この場合も役員会全員の賛成だけでよいという三名の裁判官の意見の方が多数（三対二）ということで、共有入会地の売却は有効という判決をした。これには一つのごまかしがある。従来、入会地の一部を売却したのは道路など住民共用の施設のためであったから住民たちに異存がなかっただけのことであって、今回のように原発用地として売却することに住民の反対があるか否か（現に一〇名ほどの反対があった）は当然に問うべきであった。したがって二名の少数意見が正しく、三名の意見は無理解か曲解で、本来差戻すべきであるが、三対二という多数決によって真実が外されてしまったのである。

一方、神社名義の土地の裁判も間近く結審という一九年六月、不幸なことに林宮司が急逝された。林宮司は別に、県神社庁を相手として、宮司の解任の取消を求める裁判を提起しておられたが、それができなくなった。八幡宮宮司の解任が無効であれば、後任の宮司が行った神社名義の土地の売却が無効ということになるが、残念至極というほかない。

その年の一二月一八日、判決が出されたが、案の定、入会権確認は入会権者全員でなければだめだ、という念仏のような判決だ。とりあえず控訴したが、その約半年後の二〇年七月一七日、入会権確認訴訟は入会権者が原告としてであれ被告としてであれ、全員が訴訟参加しておればよい、という最高裁判決に従って、広島高裁は原判決取消、山口地裁へ差戻した。

追記

平成二三年七月

平成二三年五月八日、遅まきながらこの差戻審が山口地裁で開かれた。差戻判決から一年半以上経っているのは、相手方である中国電力が高裁の判決に対して上告受理申立をし、その不受理決定が一年後の昨年九月であったからである。この高裁判決は、入会権者全員が原告か被告になっていればよいという最高裁判決の趣旨に従ったものだから、上告申立をしても受理されないことは分かっている。要するに中国電力の訴訟引延ばし作戦でしかない。

この裁判は原発設置反対の裁判である。去る三月、世界を震駭させた福島原発による被害。国民ひとしく原発の恐ろしさを感じたところである。他人の不幸につけこむわけではないが、それだけに、訴訟の目的がはっきりしてきたために裁判がやりやすくなったと思われるのだが……。

この裁判は三年ぶりに実質審理に入ることになるので、改めて現地を訪れた。七月初め、原告竹弘盛三氏、支援者代表木原省治氏、広島の胡田敢弁護士たちと、原発設置予定地である上関町四代集落および対岸にある祝島へと向かった。小雨降る中を車で、まず上関大橋を渡った。ここから長島の東海岸を行くのであるが、すぐ大きな立看板。何と「原発を妨害する人は上関町に来ないで！　上関町まちづくり連絡協議会」と書いてある。上関町に原発推進派がいることは確かだし、かつては（福島原発事故までは）賛成派ないし反対しない者が多く、反対（の意見表明）者が少なかったであろうと思われるから、町民の大多数は建設を望んでいたかもしれないが、いまはどうなのか。原発設置に伴い莫大な資金（それはどこから出てくるのか）が地元に交付されるので、その資金をあてにする設置賛成者のいることは事実であろうが、それにしてもこの〝協議会〟というのは中国電力やらせの団体であることは明らかである。

四代集落に着いたものの、ここで集落の人々に話を聞くわけにはいかない。このような入会地をめぐる裁判では一般に集落が二派か三派に分かれ、少なくともどちらかの派の人々の意見を聞くことができる。だが、形式上私たちは住民の相手方の弁護士なのだから話を聞くことができない（尋ねても本当の話はしてくれない）。集落の中は素通りに近く、原発設置予定地の背後に当たる裏山、八幡山に車で着いた。ここは以前来たことがあるが、いま「監視小屋」が建っている。これはこの崖下の海岸埋立工事などを中国電力作業班が始めようとするのを監視し、ときにはその阻止の役を果たすのがねらいである。

上関原発建設推進派による看板

四代集落へ戻って、そこから小型漁船に乗り、約五キロの距離にある祝島へ渡る。上関町内の一集落で約六〇戸、漁業に生きる島である。ここから原発予定地までは海上四・五キロメートルほどしか離れていない。早速、漁業組合長山戸貞夫氏とお会いして最近の事情を伺った。山戸氏はこれまで四代入会地の裁判には必ず傍聴に来ておられた。だが単なる傍聴人ではなく支援者であるが、漁業権などを柱に海の安全と権利を守るための訴訟の代表として奮戦、原発反対裁判の原告同志なのである。

原発は海岸に設置されるが、事故が起これば（事故がなくとも）正面から被害を被るのはここ祝島である。中国電力は四代の土地所有権を取得したと思って海岸の埋立などの工事を始めた。この工事をさせてはならん！　身をもってこの工事阻止行動に出たのが祝島の人々なのである。それには山戸氏を中心とする祝島の人々の生活を、島を、海を守るという熱意があるからにほかならない。

幸いいまは工事中止中である。山（八幡山）と海とともに守らなければならない。今後のなりゆきを十分に注視する必要がある。

平成二一年五月

産廃処理場を拒否した人々　香川県綾歌郡国分寺町（現高松市）

四国讃岐の国は香川県、ここは溜池の多いところである。弘法大師が拓いたといわれる満濃池《まんのう》がとくに有名であるが、香川県全体では一万四千か所あるといわれている。このように溜池が多いのは、県の大部分を占める讃岐平野には大きな河川がなく、農業用水や生活用水を維持確保するために貯水池としての溜池が早くから開発されたためである。

県都高松市の西、国分寺町（いまは高松市に合併）に橘池という溜池があり、その溜池をめぐって環境保持の裁判があった。といっても溜池の埋立てなどではなく、溜池の浚渫《しゅんせつ》と、その残土処理に伴う近隣の山林の保全についての争いである。しかも、建設業者の申入れについて土地の共同所有者（集団）が多数決で賛成していながら、その後共同所有者内部の反対意見によって工事が中断され、その是非をめぐって争われたが、実質共有者集団（本件訴訟で相手方となった住民たちは単に土地共有者の集団であって、地縁的・入会的集団ではないと主張している）が裁判に勝ち、結果として周辺の環境が守られた、という注目される結果となっているのである。

このような判決について共有者集団の代理人であった高松の三野秀富弁護士に、一度現地を訪れて話を聞きたいので共有者代表の方を紹介していただきたい、とお願いしたところ、こちらへ来る日を知らせて欲しい、自分も一緒に同行するから、という親切な御返事をいただいた。

平成二一年五月、三野弁護士同道、共有者集団（この裁判の被告）代表竹本敏信氏の案内で現地を見るとともに、この裁判のいきさつを聞くことができた。

ここは国分寺町の名の通り昔讃岐国の国分寺のあったところで、橘池はこの町の一番南にある広さ一七・六ヘクタールほどの溜池である。その西側は道路をへだててなだらかな丘陵で、鷲ノ山という海抜約三〇〇メートルの山の山腹なのであるが、この一帯は地元の集落である新名《しんみょう》、柏原両集落住民六〇余名の記名共有入会地となっている。

橘池はすでに平成一〇年ごろから底土浚渫の必要があり、橘池水利組合はその工事に当たってすぐ背後の鷲ノ山麓に浚渫土砂を処分（投棄）することの同意を、共有者集団（約四九〇名）に求めた。同集団では総代会で協議し、山麓の地元集落である石舟集落（自治会）の意見を聞き、格別異議がなかったので、この浚渫工事の実施を受入れる旨回答した。そこで橘池の浚渫残土を石舟集落のすぐ背後（集落から徒歩で上ること約二〇〇メートルの地一帯）に投棄するとともに残土処理施設を造成するということで、その工事を近隣の建設業者が請負うことになった。

平成一二年に入って業者と共有者集団代表の間で工事について交渉が進められたが、その内容が橘池の浚渫残土だけでなくそれ以外から発生した建設残土も投棄するという内容であった。そして同年一二月、共有者集団の総代会で総代二三名中一八名が出席、賛成一三名、反対五名という賛成多数でこの工事を行うことが可決された。これにもとづいて当時の集団代表と業者との間で残土施設建設のためこの土地を貸付ける旨の協定書が取交わされ、これに伴って、地元石舟集落会に対する迷惑料として相応の金額が集団宛に支払われた。

ところがこれに対して、溜池残土の処理施設はよいが建設残土が投棄されれば橘池が汚染され、水道用水、灌漑用水池の役割を果たさなくなる、という理由で、建設予定地鷲ノ山の近くに住む人々を中心に反対意見が強く、竹本氏を中心に反対運動が盛り上がった。そしてこの土地の開発には森林法にもとづき県知事の許可が必要であったから、翌一三年三月、土地の開発許可をしないように県知事に申請した。この申請書に署名したのは、新名、柏原集落の住民四九四名中二一〇名であった。このような開発反対申入れにより、県知事は業者からの同年五月の開発許可申請に対し、両者の間で話し合いがつかない限りその申請を受理することはできない、という対応をした。

その翌一四年五月、共有者集団の定期総会が開かれ役員が交代し、新たに竹本氏が総代に選出された。

集団の総代が建設容認派から反対派に替わったということになるが、全体として建設反対意見が強くなり、県知事の開発許可を得る見込みは立たず、事実上残土施設の建設は困難になった。そこで結局、平成一六年に業者は、共有者集団を相手として、賃借料として支払った金額の他工事中止に伴う損害賠償を請求する訴えを、高松地方裁判所丸亀支部に提起した。

一般にこのような公害をもたらすおそれがある施設設置の反対、あるいはいわゆる環境保護裁判は地元集落住民が業者を相手に訴えを提起するのが普通であるが、ここでは逆に開発業者が地元住民集団を訴えている。もとより建設を認めよ、などという訴訟ではなく、建設できなくなったことによる損害賠償金の支払請求である。

このような施工業者の請求に対して裁判所は、竹本氏はじめ地元集落の人々にとっては有難い、第三者から見れば興味深い、しかも環境保持の運動にとってはきわめて有意義な判決をしたのである。

まず、共有者集団はその総代（前総代）が業者と鷲ノ山の残土施設設置のため貸付契約を締結しているから当然、業者に対する協力義務を負う、といって集団側の責任を認めた。

しかし判決（平成一八年九月二〇日）は、集団が契約を結んだからといっても個々の構成員がその工事に反対できないとはいえない、その反対のために工事ができなくなっても工事の不履行について責任はないという、いとも見事な理由で住民の責任を認めなかった。

「まさに名判決だが、これも環境保護派総代（つまり竹本氏）の尽力の結果でしょう」と私が言うと、「いや、そういうことではないが」と謙遜しながらも、

「確かに知事に林地開発反対の申入れをしたのは二一〇名で全体の半分に足りなかったけれども、みな結束が強く、またこれに入らなかった人たちでもかなりの人たちがこの工事に積極的に賛成したわけではなかったのですよ。要は住民の大多数が反対か、余り賛成ではなかったのに、最初の役員会での多数決の賛成で話が始まったというわけですな」

それぞれ予定のあるお二人と別れ、私一人処理場予定地のすぐ下の小集落を訪ねた。ここも石舟集落のうちであるが、石舟本村からやや離れて十数戸の小組のようになっている。連絡も何もなしに行ったのだが、幸いに予定地の真下にあたる家の、七〇歳近いご婦人に会って話を聞くことができた。

「この裏山が土捨場になると聞いたとき、反対しなかったのですか」

「そりゃ、この辺は山崩れのおそれがあるから反対したかったけれども、ほかの沢山の人たちが賛成したので、はじめは仕方なしに賛成した。けれども、ここの人々はみな反対だったのですよ。反対しなかった人たちはこの近くでなく、別に被害などない人たちだった……。でも結局できなくてよかった」

ある施設がつくられることによって直接被害を受ける少数の者が反対、被害の少ない多数の者が賛成、その結果、多数決で賛成――よくある図式である。その図式の不合理さを打破ったのが竹本さんたちの反対運動であり、それを認めたこの判決といえるだろう。

「くわしい話はあそこの世話人さんのところで聞いてごらんなさい」

そこで道路沿い約一〇〇メートルほど離れたところにある世話人さんの家を訪ねた。何かの事務所になっており、表は開いたまま誰もいない。住宅の玄関も開いているので、「こんにちは」と声をかけたが返事がない。家は空けたまま、誰もいない。私はいまここで、鍵のいらない良い町、村がまだ日本にある、ということを改めて感じた。

同じ地名「はかた」の縁（塩）　愛媛県今治市伯方町　平成一七年九月

私の住んでいるところは「はかた（博多）」であるが、当地に最近「伯方《はかた》の塩」が売出されている。この伯方は瀬戸内海にある伯方島で、瀬戸内海は昔から塩田による製塩の盛んなところであると聞いていたが、いまでも製塩が盛んなのであろう。同じ「伯方」がどのようなところか、一度訪れたいと思っていた。

平成一七年秋、この伯方を訪れることができた。山陽線の尾道から、いわゆるしまなみ海道を通るバスで愛媛県の今治《いまばり》に渡る途中に伯方島はあるのだが、この間、伯方島のほか因島《いんのしま》や大三島《おおみしま》など、以前なら一か町村以上を構成するような六つの島が橋で結ばれている。尾道―今治間を一時間余で結ぶこのバス路線は確かに便利であり、車上から瀬戸内の海の美しさも楽しめる。だが、これらの島々を訪れるのに、岸を眺めて船着場から上陸するときの感慨はない。

そのしまなみ海道をいくつかの橋を渡り伯方ＩＣで下車する。島の西海岸に面し、風光はよいが、近くに客人を迎え入れるようなものは何もない。折よく通りかかったタクシーで島の東海岸、木浦という集落に着く。ここは伯方島の玄関口で港町らしく人家が密集している。今治、尾道からの船便はここから発着していた。いまも今治港との間には高速艇が就航している。

「伯方町役場」と大きく玄関に刻字されている今治市伯方支所を訪れた。「博多から来たが伯方の塩や島の事情など伺いたい」と言うと、幸い中年の担当係の方が話をしてくださった。

この伯方島は昭和三〇年までは東西二村に分かれていたが、それ以降、一島一町で、平成一七年の合併で今治市となり、町役場が市の支所になった。「合併したとき、ここの役場職員のうち若い連中は車で通勤できるからみな本庁の方に移り、中には引越転居した者もいて、いまここに残っているのはそれができない中年以上の者ばかりだ。もちろん仕事はあり、それなりに忙しいこともあるが、合併でよかったというところはない」とのことである。

塩田のことを尋ねると、いま塩田はないという。塩田は昭和四六年に全国的に廃止された。「塩業近代化臨時措置法」が制定され、塩田によらず化学的方法による塩の製造が始められることになったとのことである（それを知らなかったのは迂闊だった）。島内の製塩業者は二社あるが、いまこの島を支える重要な産業は造船と海運業だそうである。ちなみに、この島には船材としての木が多く、それが造船の材料——水軍繁栄の基礎となった——としてここに集められたので、木浦と呼ぶようになったといわれている。

支所から北へ約一キロ半のところに製塩会社が二社あり、そのうち名も「伯方塩業」を訪れた。ここは製塩工場で、村上水軍の後裔と思われる村上隆宏工場長から話を聞いた。
「この臨時措置法は塩田を全廃してイオン交換樹脂膜製塩に切りかえるというものだったので、これは死活問題と、『日本自然塩普及会』名のもとに塩田を残す運動を行ったのです。残念ながら塩田の存続は叶いませんでしたが、輸入した天日海水塩を使用するという条件で昭和四八年、国の専売公社から自由販売塩として認可されました」とのこと。「平成九年まで塩は国の専売でしたから」。そうだ、専売公社というものがあった。

伯方の製塩工場（村上隆宏氏提供）

そして、それ以降「伯方の塩」は自然塩を残そうという消費者運動がきっかけとなって、伯方島で生産されるようになって生まれたもので、自然の風と太陽熱で蒸発結晶させた、メキシコやオーストラリアの天日海塩を日本の海水で溶解して、きれいなかん水（濃い塩水）を原料としている、ということである。

厚くお礼を述べて、すぐ近くからバスで島を東海岸沿いに北に向かう。東側の沿岸がもと塩田であったところで、いま一部では車えびの養殖が行われている。道が島の北岸近くになったところでバスは左に折れ西進、北浦というバス停がある。ここで下車、小高い丘の上に鎮座する喜多浦八幡神社にお詣りする。

この喜多浦八幡神社が島の総鎮守であることはいうまでもないが、この神社は古く白鳳二（六七三）年に博多の筥崎宮より分霊勧請し創建された、ということである。それによってこの島を「はかた（伯方）島」と呼ぶことになった、といわれている（いささかお節介かもしれないが、正確には博多と箱崎とはもともと別の土地である。古い昔はさておき明治初年、箱崎は福岡県糟屋郡箱崎村、博多は同じく那珂郡博多一〇一町で、明治二三年、博多は福岡五二町と合併して福岡市に、箱崎は一村で糟屋郡箱崎町となり昭和一六年に福岡市と合併された）。この八幡神社が伊予水軍の尊敬する社であったことはいうまでもない。

ともあれ、ここは字は違うが同じ「はかた」。同音の塩《えん》むすび、伝統の製塩業の発展を祈りたい。なお、遅まきながら、大相撲東京場所で力士が土俵を浄めるためにまく塩は伯方の塩であることが分かった。

市はそんな親切なことはしません

福岡県北九州市小倉南区貫　　平成一〇年六月

北九州市は、文字通り北九州の門司、小倉、戸畑、八幡、若松の五市が昭和三八年に合併して成立した都市であるが、府県庁所在地以外の都市で政令都市となったのは北九州市が最初である（合併前の市域をそれぞれ区としたが、小倉は南と北、八幡は東と西と、それぞれ二つに分区された）。

小倉南区の山のふもとに貫《ぬき》という集落がある。以前は企救《きく》郡曽根町の一部であったが、昭和一七年に小倉市に併合された。貫集落は全部で三〇〇余世帯、約二〇〇ヘクタールの入会林野がある。この入会林野についていま、ある問題が起こった。

この入会林野は一部が「大字貫」名義で所有権登記されているほか、大部分が「人民共有総代何某」「貫村共有総代何某」と土地台帳、したがって登記簿表題部に表示されており、所有権登記されていない(この何某はすべて故人である)。「大字貫」名義の土地は福岡県による造林(県行分収造林)が行われているが、それ以外は雑木林や原野が多い。いま林野の高度利用目的で、ここに林業公社による分収造林を行う(契約を締結する)計画を進めている。だが土地の登記名義がばらばらなので、まずこれらの土地が集落住民の共有地であることを登記上もはっきりさせたい。そのためには入会林野整備事業も考え、北九州市に指導協力を求めたところ、この大字貫名義の土地は貫住民の共有地でなく北九州市貫財産区の所有地ではないか、と言われた。どうしたらよいか迷っているというのである。

これが貫集落代表世話役である高瀬栄八、村上竹蔵氏らから聞いたいままでの経緯である。大字貫名義で所有権登記してある土地は大正四年、福岡県による県行造林実施のため必要な地上権設定登記の前提として、それまで人民共有総代何某のまま未登記であった土地を、当時の小倉市長が財産管理者として大字貫名義で所有権登記したとのことである。

「市長が嘱託登記したから公有財産だというとが市の、主に管財部門の意見でした。仕方ない、裁判に訴えるかと言うと、別に売言葉に買言葉ではなく、裁判の結果に従うちゅうことだったので、貫住民総勢約三〇〇人が原告となって市を相手に裁判を起そうと思うとるとです」という次第である。

貫の皆さん約三〇〇名はすでに、入会林野整備によって権利関係を明らかにしたい、という意思が固まっていたので、訴訟の提起にはためらいはなかった。その整備のため入会林野の沿革や現状について書類がつくられていたので、裁判に必要な書面作成は比較的容易であった。そこで北九州の弁護士に依頼したが、ともかく三〇〇名近い人が何ら異存なく一本にまとまって訴訟提起するということには感心せざるをえない。地元北九州市在住でここ入会地の調査に協力してきた川瀬禎之君（西南大卒業生）の言。「ふだんから集落としてまとまりがよかったからでしょうね」

平成六年の春まだ浅い頃、貫の人々（入会権者）一〇〇余名が貫の鎮守様である荘《しょう》八幡神社の神前で必勝の祈願をした上、四月、貫住民約三〇〇名連名で北九州市長を相手として、大字貫名義の土地が貫住民（原告）たちの共有の性質を有する入会地であることの確認を求める訴えを、福岡地方裁判所小倉支部に提起した。この小倉支部は裁判官の数も全国いくつかの地方裁判所よりも多く、最大級の地方裁判所支部である。この裁判でとくに印象的であったのは、双方の本人尋問である。

まず原告代表高瀬さんへの尋問。双方の弁護士から質問の終わったあと、裁判長が「この土地はもともと、昔は誰の所有だったのですか」と質問。高瀬さん答えて、

「さあ、よく分かりませんが、殿様の土地だったのではないでしょうか」

違う、違う、と言うのは傍聴席にいる私。もとより発言することはできない。この尋問が終わるのを待って、早速私は高瀬さんに話した。

この土地は土地台帳に「人民共有」と書かれているとおり、もともと貫の村人、つまりあなた方の祖

先の共有地だった。殿様の土地というけれども、小倉藩主小笠原氏は江戸初期、熊本に移った細川氏のあとに入ってきたので、もともとここ出身の武士ではないし、幕末の長州征伐のとき高杉晋作の兵にやられ南の香春《かわら》に逃げて城を明け渡した。明治の廃藩置県のときには小倉藩という藩はなくなっていた。その殿様がこの辺の土地から年貢をとっていたとしても、その所有者とはいえないでしょう、と。

高瀬さん、「分かりました」と、次回の弁論のときに発言を求めて、「この土地は私たち貫の者たちの先祖の共有で、殿様の土地ではありませんでした」と証言を訂正した。

次は相手方である北九州市側への尋問である。証人は市の管財課の職員だそうである。貫住民の代理人弁護士が、旧曽根村の近くの村のある集落で、ここと同様に県行造林をするため、村がその土地を村名義で所有権登記し、造林が終わったあと、その土地をもとの集落の代表者名義に移転登記した、という実例（これは前もって私が話した）を述べ、相手方の証人に、昔の村は「このように集落のために村の名を貸す」という親切なことをしたもので、この大字貫の名も同じようなものではないか、と質問すると、その職員、

「いえ、北九州市はそのような親切なことはしません」

と悪びれるふうもなく証言。

これには私も唖然とした。しかし考えてみると、町や村の役場は世帯も小さく、職員はほとんど地元の者であるから、集落の事情、そして入会地（用語はともかく）のことも知っている。しかし規模も大きい市役所ともなると職員も多数、地元集落との直接の結びつきも薄くなる。村役場、ついで町役場、

これは入会地に理解がある。しかし市役所、それも大きな市の役所となれば入会地についての理解がなくなる。少なくとも入会地に関する限り、市町村の大型化、市町村合併は好ましいものではない。これがそのときの私の思いだった。

平成一二年二月

追記

平成一二年一月二〇日、裁判所は貫の人々の主張通り、これらの土地が貫住民の共有の性質を有する入会地であることを認めた。裁判の結果に従うと言った北九州市も、この判決に反対し控訴するような「親切でない」ことはしなかった。

裁判の相手方からの相談

福岡県嘉穂郡庄内町仁保（現飯塚市）

平成一六年九月

福岡県筑豊地方といえば音に聞こえた炭鉱地帯であったが、いまそれを物語る跡はほとんどない。かつて炭都と呼ばれた飯塚市の東、ここ嘉穂《かほ》郡庄内町は炭鉱とは縁が薄い方だった。昭和の終わりのころ、入会林野整備事業のお手伝いでこの町に二、三回訪れたことがある。

平成一四年正月早々、同町仁保《にほ》地区の世話役である西弘成氏から、溜池の件について相談を受けた。

それは仁保地区に五つほどある農地灌漑用溜池のうち水もれのひどいものが二、三あり、水利組合の経済力では維持が難しい。そこで庄内町と交渉して、仁保地区の水利権を保証することを条件として溜池の底地を庄内町に寄付（贈与）したい、と考えている。庄内町もほぼ了解しているので協力して欲しい、ということである。

これらの溜池は博多から飯塚を通り田川に至る国道沿い、丘陵地のはざまにある。一番上手にある泥池、高尾池などはあまり管理状態は良くないようである。「この上手の一部が福岡県緑地公園に予定されているので、この溜池は福岡県が管理することになるようです」とは西氏の言である。

そこで問題は、これらの溜池の所有名義が現状と違っているので、これを現在の仁保水利組合の正副組合長（組合長は西氏）の名義で所有権登記したい。それでないと町に寄付できない、ということである。現在の所有権登記は六名の共有名義、これは昭和二一年当時、仁保地区代表として登記されたもので、そのうち一名は前水利組合長（現組合員）、他の一名は転出者から共有持分を買い受けた町内在住の土木業者、残る四名はすべて死亡、そしてその法定相続人二二名中一名を除きすべて町外居住者である。幸いなことに、この所有名義人は五つの溜池すべて同一である。

そこで仁保水利組合および正副組合長の二名が原告として、登記上所有権者もしくはその法定相続人を相手に、これらの溜池が仁保水利組合構成員の共有の性質を有する入会地であることの確認と、西氏ら二名に所有権移転登記手続きをすることを求める訴状を福岡地方裁判所飯塚支部へ提出した。

この訴訟には大庭康裕弁護士に協力を求め、まず訴状提出。相手方つまり被告が合計二四名になるので、訴状はもとより二四通提出しなければならない。相手方二四名が多いか少ないかはともかく、これから提出する書面も二四通提出しなければならないのだろうか。

その数日後、ある女の人から電話がかかってきた。

「私、庄内町仁保の溜池のことで被告にさせられた○○と申しますが、以前から博多に住んでいて、この溜池とは全く関係ありません。どうしたらいいでしょうか」

これは転出して死亡した四名中の一人の相続人だ。とりあえず、

「そのまま何もせず、放っておいて下さい」

と返答した。本当は訴えの趣旨（水利組合長からの申立）を認める、という書面を提出して下さい、と言いたかったのだが。

この女の人にとって私は相手方の代理人だ。したがって私が相手方である水利組合に不利なことを言うはずはない。だからといって相手方の相手方、つまりこの質問者にとって明らかに不利を招くようなことは言えるものではない。いささか考えさせられた。だが、どうもこの方は、私を相手方の弁護士というよりも、以前に西南大の教授をしていたことを知っていて相談を持ちかけられたようである。しかも被告にさせられたのであって、本来的に争う相手方ではない。そうであれば早く解決する道をとるべきであろう。これでよいのではないか。

裁判（弁論）が始まった。相手方は一名の業者に弁護士がついたが、それ以外はすべて代理人なし。といっても転出失権者四名のうちの一名、その相続人である三、四名以外は全く法廷に姿を見せない。

したがって相手方の主張といえば、すべて業者の代理人である弁護士の主張となる。

それは、入会というものは山林原野に存在するもので溜池などには存在しない、という主張である。これに対して当方は、溜池が共有の性質を有する入会地であることを認めた判決を例示し、この溜池の由来を主張した。裁判長も事情を理解されているようで、毎回出廷する相続人にも、登記がある以上権利がある、という意見を述べさせたのち結審。

平成一六年九月一日に判決言渡し。当方の主張が全面的に認められた。代理人がついていた相手方だけ控訴したが、棄却、確定した。

追記　　　　　　　　　　　　　　　　平成二三年一〇月

その後、手続きはもとより、公園地造成作業も順調に行われたようである。四、五年ぶりに現地を訪れたが、泥池一帯は緑地公園として県民いこいの土地となっている。中心となっている泥池は水清くとまではいかないまでも、鯉などの良いすみかとなっている。

溜池の行方と町内会

福岡県久留米市荒木町

平成一一年五月

河川からの流水使用が難しいところでは、溜池が水田灌漑用水の供給地として非常に重要な役割をもっており、そのため水利用者である農家の人々は溜池の水さらえや堤防修理などの作業を行ってきた。時には水の利用をめぐって集落あるいは個人の間で「水争い」もしばしば見られた。

しかし、いわゆる都市化が進行し、農地わけても水田が減少してくると溜池の水利用の必要性も少なくなる。それに伴って溜池の管理も怠りがちとなり、かつて清き水を湛《たた》えていた溜池が、土色の沼となっているようなところも少なくない。

平成一〇年の秋、久留米市在住の江渕武彦君（現在島根大学教授）から溜池の登記のことで問題になっているので話を聞いて欲しい、と頼まれたので、現地で話を聞くことにした。

久留米市の南部、荒木という集落にある二つの溜池が近藤宗之氏ら三名の共有名義で所有権登記されている。この溜池は三人の共有地ではなく、もともと荒木という集落のものだった。その集落はいま発展して町内会となったから、町内会長の名で登記するため近藤宗之名義の三分の一の共有持分の登記を抹消せよ、という訴えを町内会長から起こされており、近藤さんがその対応に困っておられるので協力して欲しいというのである。

まずこの溜池の由来をと、土地台帳を見ると、二つの溜池とも総代近藤藤太郎ほか二名で登載されている。これは明治の地租改正にあたってこの溜池が荒木村（いまの荒木集落）の村人の共有と認められ、その総代とほか二名（おそらく副総代）の名で地券が交付され、土地台帳上総代ら三名の所有地として記載されて、それが登記されたのである。そのあと、それぞれ三名の相続人である現当主が所有権の移転登記をし、現在、近藤宗之氏ら三名の共有地として登記されているのであるが、ほかの二名は町内会長名義にすることに同意したので、それに賛成しない近藤さんが訴えを提起された、という次第なのである。近藤さんを含めてこの三名とも現在農業をしておらず、この溜池の水利権者ではない。

近藤さんは言う。「この溜池がもともと古い荒木むらのもので、いま登記されている私たち三名だけの共有地でないことは分かっております。だが、そのむらと、いまの町内会とが同じものかどうか。町内会では久留米市に寄付するために町内会長の名義にせよ、と言いよるが、久留米市の方から私たちの方には何も言ってきておらん。町内会長はよそから来た者で、この溜池の水利権者でもなく、一体この人たちが何を考えているのか、よう分からんとです」

現地に行ってみる。ほぼ住宅地に囲まれた二つの溜池は、残念ながら青い水を湛えたとは言い難く、干上がりかけた沼池といった方がよさそうな、それほど大きくない溜池で、現に水利用者は二、三名にすぎないということである。もとより専業農家ではなくとも、現に水田耕作のための水利用が二名でも三名でもいる限り、町内会が余り口出すべきではないと思われる。ただ現在、水利用者がわずかとなったため、その維持管理が難しくなり、市の所有地としてその公費で維持管理してもらうため市に寄付する、というのであればそれなりに理由はある。町内会長の意向ではここを公園にしてもらうため市に寄付するのだというが、久留米市役所で尋ねたところ、この土地を公園とする計画はない、という回答をもらったとのことである。

そこで近藤さんに頼んで、以前、この溜池の水を利用していたと思われる家の人たち七、八名の方に集まっていただいて話を聞いた。いずれも中年の奥さんたちで、昭和四〇年ごろまではまだこのあたりは水田が多かったが次第に住宅地となって、いまは兼業でも農業をやっている家は数戸あるだけだ、という。この人たちの家も先代までは農業をやっており、農事実行組合の組合員だった。そしてこの溜池は組合のもので、そのころまでは組合員全員かどうかは分からないが、水を使っている人たちは年に一回は水さらえや堤の除草をしていたそうだ。一方、町内会はこの溜池の管理についてこれまで格別口出しすることはなかった。それが今回、町内会が乗り出してきたのだ、ということである。

「町内会から、この池を市に寄付して公園にしてもらうために五〇〇円ずつ出して欲しい、という通知が来ました。ここにはあとから来た人たちが少なくないので、その人たちはハイハイといって五〇〇円ずつ出しました。私たちも五〇〇円ずつ出しましたが、それはいま泥池のようになっているこの池を市のものにして、昔のようなきれいな池にするためと思うとるとですが、違うとでしょうか」

少し違うようである。この話は町内会の役員会で決められたことで、会長も副会長も昔からの人（つまり溜池の水利権者）ではない。

久留米市荒木の溜池

十数年前、国鉄が解体するとき、もと操車場など不要の土地が処分されたが、本来国鉄のような公共的団体の財産はごく小額のものを除き、公示して競争入札によって売却すべきものである。しかし、地元市町村にという理由で一部の議員たちが働きかけて入札によらずに市町村に売却させ、市町村の財産とした上、その売払いに力を尽くしたということで、その議員が市町村からこれも入札によらずに払下げを受けた、という話を聞いたことがある。

溜池が溜池である間は、水利用に争いはあっても底地が問題となることはないが、溜池が溜池でなくなると——この溜池のように水利用が少なくなれば管理状態も悪くなり泥沼化してくる——底地（の所有権）が問題となる。

この溜池はもともと荒木の村人で、この溜池を利用する人々の共同所有財産である。溜池の水を利用しなくなっても、荒木の住民である以上、直ちにその底地の権利（土地所有権）を失うわけではない。しかし、荒木に住む全世帯（このような権利は世帯単位である）に権利があるのか。半年や一年前にこの荒木に移ってきた者にも権利があるのか。

ここで、ある判決を思い出した。それは大阪市の南、堺市鶴田池での事件で、その地方には溜池が多かったが、宅地化が進んで溜池の利用者が少なくなっており、溜池管理組合（集落の溜池の共有者たちで組織）が第三者に使用させて賃料を取っていた。その集落を含む町内会からの、この溜池はもともと住民の共有であるから、その住民の組織体である町内会の所有であることを認めよ、という請求に対する「溜池の水さらえも堤の除草もしたことのない者が溜池の所有権を有するはずがない」という大阪地裁堺支部の明快な判決である。

そうだ、ただこの町内に住んでいる（住居を構えた）ということだけで、溜池であれその土地の所有権を取得するはずがない。この昔からの人々、つまり以前の溜池利用者たちは、この溜池の水さらえや堤の除草作業などをしてきたのだ。そうでなければ水田灌漑用の水は使うことができない。ただ、いまは水を使わないので水さらえなどしないだけなのだ。

町内会の中にはもとより以前からの住民で溜池利用者であった人々が数多くいるだろうが、しかし、およそ溜池の維持、管理に関係のない町内会は、この溜池に何の権利をもつものではない。私は早速、裁判所（福岡地裁久留米支部）にこの大阪地裁堺支部判決を示して、この溜池の所有者はもと荒木の農民たちで組織された農事実行組合で、溜池の手入れもしたことがない町内会は所有者でなく、町内会長は原告として訴える資格はない、と主張した。

それで町内会長は裁判上から姿を消したが、相手方弁護士は手まわしよく、約二〇〇名余りの農事実行組合員（と思われる）の名を集め、代表者（選定当事者）として現在溜池の水利用者二名を独立当事者として訴訟に参加させ、当然のようにその訴訟代理人となった。どうも誰がこの訴訟の推進者であるかが分かってきたようである。

相手方が実質的な所有者であれば争っても仕方がない。だが不可解なのは、三名共有名義となっているこの溜池の近藤さんの持分三分の一を、自分（最初は町内会長、のち二名の代表者）の名に移転登記せよ、というのではなく、近藤さんの持分三分の一を抹消登記せよ、といっているのである。難しい理屈はともかく、ＡＢＣ三人共有地のうちＡの三分の一持分をＸの持分として認めよというなら話は分かるが、Ａの三分の一の持分を抹消せよ、というのは話が分からない。持分がＡＢＣからＸＢＣになっても土地自体は変わらないし、またＡが持分三分の一をＢＣに譲るかあるいは持分を放棄すればＢＣ二名の共有になる。そうでなくＢＣの持分はそれぞれ三分の一のままでＡの持分三分の一が抹消されれば、この土地は三分の三すなわち一の土地でなくて三分の二の土地となる。実際にそんなことができるはずはない。訴訟でも、このような請求は不法だ、と主張した。

平成一四年六月

後日記

判決（福岡地裁久留米支部平成一三年九月一四日）は相手方の言い分を認めた。そして「土地所有権の一部共有持分の抹消登記も必要があれば認められる」と。必要であるときとはどんなときか。そこである登記官に、一部の共有持分の抹消登記ができるのか、と尋ねてみたが、一筆の土地は一筆の土地で、その一部の抹消登記などできない、ということであった。この判決をした裁判官、登記の実務などご存じないのであろう。「必要があれば」とはいい気なものだ。この裁判で勝訴したお二人がこの判決文をもって登記所に行っても、登記所は受付けないであろう。したがって、この判決はできもしないことを言っていることになる。裁判官は無責任とまでは言わないが、もう少し慎重に判断すべきである。このままでは相手方も困るであろうという義侠心(?)から、このような不可能を強いる判決は不当である、という理由で福岡高裁に控訴した。

高裁の裁判官はこの判決を読んでどう思われたか知らないが、第一回の弁論が開かれたとき、「結局この溜池を久留米市に寄付するというのなら、ここで和解したらどうですか」と和解をすすめてきた。こちらとしては溜池がなるべく美しい形で維持できればよいのだから、私は近藤さんとその場で相談して、「市が積極的に受入れるというならば和解に応じます」と答えた。いまのところ久留米市はこの溜池を受入れるとは言っていないのである。相手方弁護士は、「相談してお答えします」と言って席を外したが、室外で相談した相手は、何と顔に見覚えのある町内会長であった。近藤さんが控訴した相手方は先の農事実行組合代表者二名である。おかしい、とは思ったが相手方は和解に応じたので、何も言わなかった。

後日、私と近藤さんと相手方弁護士と久留米市の担当者が出席し、裁判官の前で次のような和解をすることになった。

「この溜池の近藤さんの共有持分を組合代表二名に移転登記した上、久留米市に寄付することを申入れる」

久留米市に寄付するのであれば、近藤さんの名義から直接久留米市名義に移転登記した方がよさそうなものであるが、この裁判は二名の代表者名義に登記することを求めているのであるし、久留米市はこの訴訟の当事者でもなく、またこの溜池を欲しいとも寄付を受けるとも言っていないのだ。久留米市を抜きにしてこんな和解をしても意味がない。

そこで日を改めて久留米市の担当者も裁判所に出廷し、近藤さん、相手方代表二名と三者の間で、「本件溜池を久留米市が公共財産として有効に使用し、住民の農業水利権を侵害せず、また随意契約による処分をしないことを条件として久留米市に寄付することとし、久留米市はこれを受入れる」旨の和解が成立し、とりあえず一件落着した。

墓地の使用権は〝はかない〟権利ではない　佐賀県唐津市佐志　平成一四年七月

佐賀県唐津は博多の西約四〇キロ、同じ玄界灘に面した美しい町である。

市街地の東側に松浦川が流れ、その河口の小高い丘の上に唐津城があり、その東側に虹の松原という美しい海岸が、西は西ノ浜、そして大島という陸続きの島、さらに美しかった――というのは、いま一部埋立てられたから――佐志《さし》浜という海浜が連なっている。この松浦川の河口近く、唐津城との対岸東に以前は国鉄東唐津駅があった。

この駅は博多からここまで、さらに西南にある焼物の町伊万里《いまり》に至る筑肥《ちくひ》線の中間駅であったが、行止まり式の駅で、博多から来た列車はここで折返して伊万里に行っていた。機関庫もあり、小型ながら唐津のターミナル駅、唐津線の唐津駅よりも風格があり、市の東玄関として誠にふさわしい駅だった。昭和五八年に博多－唐津間が電化され、そのとき虹の松原からこの駅までの行き止まり線を廃止し、直進して唐津駅と結ばれることになったため、この風格ある駅は廃止された。いま新しい路線に東唐津という駅はあるが、ただの中間駅というありさまで、東の玄関などという風格はない。

ここで少し横道に入るが、この博多－唐津間の電化に伴う廃線はここだけでなく、筑肥線の頭《かしら》の部分である博多－姪浜間も廃止されてしまった。この間は福岡市の中心部を走る（潜る）地下鉄線乗入れとなったため、博多駅と我が住居の近く小笹駅を通って姪浜に至る路線が廃止され、小笹－西新両駅間を乗車通勤していた私はその足を奪われてしまったのである。それだけでなく、いままで一〇分余りで行くことのできた博多駅との間も不便になり、近くを走っていた東唐津行きの列車も見なくなったので、心理的に唐津が遠くなってしまった。足を奪われた痛みはいまだにこたえている。

平成一二年のある日、その唐津から宮崎さん、熊本さんというお二人が〝お墓〟のことで相談に来られた。熊本和五郎さんは私と同年輩であるが、宮崎勝行さんはすでに八〇も半ば過ぎの方である。村墓（共同墓地）の一部が駐車場にされようとしているのでやめさせたいが、どうしたらよいか、ということである。

早速現地を訪れた。唐津駅の次、終点の西唐津駅で下車。墓地は西唐津駅の先、佐志浜の海岸から少し山手の佐志中里集落の南にある。道路を挟んで東は墓石の並んだ墓地、西側は雑草ばかりの墓地だが、それが問題の西墓地で、いま整地工事が行われている。

お二人の説明によると、ことのいきさつは次のとおりである。

佐志集落には村墓が三、四か所あり、地下《じげ》の本家層たちはみな東墓のほかそれぞれに墓石を持っており、この西墓だけが分家筋や外来者（当地の出身ではないが永住の目的で定住した人々）で他にお墓を持たない新家《しんや》の墓地であった。これらの土地の管理者（地盤所有者）は佐志の本家層約一三六戸（大正初期作成の「万年帳」に記載されている者――その後継者）である。宮崎、熊本両氏ともその万年帳に記載された権利者で、お二人ともこの西墓の一隅にも墓石を持っておられる。

昭和四〇年一二月に佐志集落の定例総会で墓地を整理することが提案され、そのため万年帳に名のある人々で「佐志地主組合」という名の組織がつくられる（看板がかけられる）ことになった。墓地整理とは、西墓は一部を除いて墓標が雑然と数基あるだけなので、この墓地を廃止して緑地化し、以後墓地を必要とする者には別に「新田」の土地を提供する、ということであった。除外する一部とは、西墓の道路に面した側と反対側に、このお二人を含め三、四名の方が墓石を持っておられるところで、この部分は分筆してそのまま手をつけることはない、ということである。

このお二人を含め何名かが反対したが、ともかく多数決で押切られてしまった。廃止されるという場所にお墓を持っていた人は五、六名いたが、みな墓標と卒塔婆だけだったので、お寺の納骨堂に納骨するか別の墓地に埋骨して立退いたので、格別問題は起こらず、その後しばらくそのままであった。

ところが最近動きがあった。お二人の談。

「私たちの知らんうちに地主組合がこの西墓地を駐車場にすることに決めた、と言うて、近いうちにゆんぼが入るちう話で、何とかせにゃならんと思うとります」

「あなた方のお墓はどうなるとですか」

「私たちや現にここのお墓（石碑）を持っておる二、三人の者はすぐどうこうということはなかばってん、お墓を立退いた新家の人や、これからここの墓地に入ろう（墓をつくろう）とする者が困る。私たちも墓地の境界線まで車が来られたら落ちついて眠られんかもしれん」

「その土地を駐車場にするとしても、墓地に入れなくなる人たちのために、どこか代わりの土地を提供か斡旋《あっせん》はしておるのですか」

「それを何もせんからけしからん。なんとかする方法はありませんか」

この土地の登記簿を見ると所有権は四名共有名義となっており、これは地主組合の代表者で問題ないが、土地の地目が墓地でなく雑種地になっている。墓地の地目の変更、そのための墓地の廃止については府県知事もしくは市町村長の許可が必要であるが、それには当然、墓地使用者全員の同意が必要である。地主組合の組合員であるお二人とも墓地廃止に賛成した覚えは全くない。代替墓地の話でもあればともかく、そのようなことは全くなかった。いま行われている整地工事を中止させるにしても、ともかくこの土地が墓地であることを認めさせなければならない。裁判上どのような手を打てばよいか。この土地が墓地でなくなると困るのは、お墓を持たない新家の人々だ。この人たちは代替地が提供されるということで墓地の改廃に同意したのだから、その提供がない限り墓地として使用する権利はあるはずだ。

そこで墓地整理で移転を余儀なくされた人や、新家で墓地を持たない人たちが地主組合に対して、西墓地全体に墓地の使用権を有することの確認を求める訴えを提起することにした。西墓地全部にすれば宮崎、熊本両氏も原告として訴訟に参加できる――というよりむしろこのお二人が最もご熱心で、事実原告として訴訟に参加する人々は、全部お二人が呼びかけてこられたのであった。

こうして、宮崎、熊本両氏を代表者（選定当事者）として合わせて一六名が原告として、唐津城のすぐ近くにある佐賀地方裁判所唐津支部に訴状を提出した。この一六名中、分筆されたところに墓石を持つ宮崎氏ら四名を除くと、あとはみな納骨すべき「お骨」を持っていない人たちであった。

この訴えに対して地主組合は、代替地とは西墓地の南の道路沿いの墓地だと主張してきた。確かに西墓地の南端から道路沿い、畑地との間に幅約五メートル、長さ三〇メートルほどの帯状の土地があり、その間に相当年月を経たと思われる墓石が四、五基建っている。これらのお墓の持主の方々はみな、いま佐志にはおられないとのことである。まだ空いたところはあるけれども、入れるのはせいぜい四、五基程度である。しかも車の往来の激しい路端に埋骨されることを希望する者はまずいないであろう。現に現地視察に来られた裁判官も非公式にだが、この帯状の土地が代替地とはいえないという感想を示されたようである。

では宮崎さんたちが主張する代替地とはどこかというと、「新田の土地だからあそこ」と、その路端から奥に一五〇メートルほど入ったところの土地だそうである。しかし、そこにはすでに、ある施設の建物があり、しかもその土地は地主組合の所有地ではない。

裁判は始まったが、残念なことに、この実地の実況をよく見ていただいた担当裁判官（単独）が転勤となった。後任は若い女性の裁判官で、だからどうこういうことはないが、理解を示された担当裁判官が中途で転勤されるということは、当事者にとっては甚だ迷惑なことである。その逆の場合もあろうけれども……。

後日記　平成一八年六月

裁判官交替ののち一、二度弁論が開かれ、平成一六年一月一六日、判決言渡し。「原告らの請求を棄却する」。つまり、宮崎さんたちの請求は認められなかった。その理由は、「昭和四〇年の佐志集落の協議で西墓地の使用権は廃止された」、「新たな墓地使用権は家族の一員が死亡して埋葬、納骨の必要がある者に限って認められる」というものだった。

実は原告の中には宮崎さんら四名以外には、身内に亡くなった者がいないため、みな西墓に墓地を持っていなかった。この人たちは自分たちの墓地が欲しいという理由で訴えに参加したので、現に納骨しなければならないという差し迫った要求をもつものではなかった。それだけに集団的裁判であるにもかかわらず、やや盛り上がりに欠けたが、この判決は家族の誰かが亡くならなければ新たに墓地を持つ権利がない、つまり自分の入るべき墓地を有しない者は生きているうちに墓地を取得することができない、というのである。お若い女性の裁判官であるが、これがはたして日本人の常識であろうか。「この裁判官は、自分の墓はいらん、というとかね?」というのが皆の感想。

ともかくも福岡高裁に控訴した。もとよりこちらは三人の裁判官の合議制であるが、高裁判決文

（案）を書くのは右陪席といわれるように、実際に審理（裁判所での）に立会われたのは右陪席裁判官だけだった。私も含めて当事者たちが他の裁判官の顔を見たのは一度しかなかった。

平成一八年五月二六日、訴えの提起から五年目、福岡高裁は控訴棄却の判決言渡しをした。その理由、「地主組合が新しく提供する土地とは、他人の所有する土地であることはないから、組合の所有する（道路沿いの帯状の）墓地である。したがって代替地としての墓地が提供されているから控訴人（宮崎さんら）は西墓地（分筆した分を除き）の使用権を有しない」というのである。

佐志の西墓地。工事前（上）と現在（平成18年６月）

この帯状の土地にはすでに何基か墓碑が建っており、新たに墓碑が入る余地はほとんどない。そのために、少数の者の意見を無視して西墓を廃止したことが不当だと訴えているのである。しかし、この担当裁判官は全く現地も見ず、人間様よりも車の方が大切だと考えているのではないか、という意見はもっともである。ところで担当の右陪席裁判官は判決言渡しの前にすでに転勤しており、判決文に署名捺印がない。これは推測するに、担当裁判官が四月に転勤することになり、そのため急いで（私たちに言わせれば十分な審理もせず）判決文を書いたものと思われる。

ただ当事者の中に、いま遺骨を抱えて困っている人はいないのがせめての救いである。しかし墓地の権利は重要な権利であり、いま遺骨を持つ者でなければ有することのできないような〝はかない権利〟ではないはずである。

平成一九年四月

追記
地主組合は裁判に勝った、といって間もなく西墓地の整地工事を始め、駐車場らしき土地となった。まだ車は入っていない、ということである。

小さな島での風力発電機

長崎県北松浦郡宇久町（現佐世保市）

平成二一年六月

九州の西に連なる五島列島、その一番北にある島が宇久《うく》島である。だが、この宇久島は五島の内ではない。というのは、本来五島とは南の福江島を含めた五つの島のことで、いずれも長崎県南松浦郡に属していた。一方、宇久島と、このすぐ南にある小値賀《おぢか》島とは北松浦郡に属していたのであって、平成の大合併で佐世保市に編入されるまでは同郡宇久町であった。この島で風力発電機設置をめぐって問題が生じており、その対策に呼ばれてこの島を初めて訪れた。

この島の中心、平《たいら》港までは佐世保港から航路約二時間半、しかもその便数が少ないのであまり便利がよいとはいえない。港に出迎えていただいた大岩進、大岩保雄両氏からまず事情を伺った。

いま島内にはまだ試験風車が一基あるだけだが、土地使用契約の話が進められているという。この宇久島は東西南北それぞれ約一〇キロメートルの菱形で面積約二五平方キロメートル、西に属島ともいえる面積一・五平方キロメートルの寺島がある。この島に予定されている風車の数は何と五〇基（うち一〇基は寺島）だそうである。強風のとき、この五〇基が回転したらどんなうなり声を出すのだろうか。もっとも予定地は島の東端長崎鼻と西の平原地区にほぼ集中しているとのことである。

風力発電機設置予定地（宇久町観光協会提供）

　このような風車の設置に大部分の島の人たちは反対しているようだが、まず反対運動の世話役でもあるお二人の大岩さんに案内されて、設置が予定されている箇所を見せてもらった。予定地が島の東西に及ぶので島をほぼ一周することになるが、この島は海抜約二五〇メートルの城ケ岳を中央に、台地性の土地上に田畑が、そして集落が点在するという状態で、海岸近くまで山がせまり、平地が乏しい五島の他の島々とはやや違っている。
　風力発電機設置が予定されている箇所は、そのほとんどが海岸地帯である。わけても西海岸に多い。まず島の西の果て、火焚《ひたき》岬に行くと、その岬の先端に風車が一基立っている。試験用だそうだが、今日は風が凪《な》いでいるので風車は回転せず、もとより音もない。この岬の海沿いの南北約四キロメートルの間に一〇基余りの風車が予定されている。

今度は島の東の方へ案内してもらう。北部の海岸沿いに道を上り下りしながら車は進む。このあたりには風車設置の予定地はないとのことである。ところどころ平地があり、緑の牧場となって牛が二、三頭放牧されている。これらの牧場はみな個人有で、それほど広いものではない。しかし、宇久島においては和牛の生産も漁業についで重要な産業である。風力発電がこの牛たちに与える影響も当然検討されるべきであろう。

走る車中で気がついたが、ときどき行く道路の真ん中に小さな鳥が一羽で佇んでいる。車が近づくとさっと飛び立つのではなく、道路の真ん中を急ぎ足で逃げる。逃げ足は速いが、すぐ車に追いつかれる。あわやという直前にパッと飛び立つ。それも一度や二度ではない。この鳥は雉子《きじ》だそうである。「この島には雉子が多かとですか」と尋ねると、「いまでも雉子は多かとですよ。このうえ風車が作られ送電線が張られるようになると、人間はおられんごとなって、この島は雉子ばかりの島になるかもしれませんな」。そんなことになっても困るが、いま農作物などに雉子の被害はあるのだろうか。まだそのような記事は見たことがない。

島の東の小さな半島の岬が長崎鼻であるが、この小半島には風車がやはり一〇基ほど予定されており、この南岸に送配電所がある。現在宇久島に発電施設はないから、本土から海底ケーブルを通ってこの送配電所に電力が送られ、ここから島内各戸に配電されているのである。この島に予定されている風車によって起こされる電力はそのままこの島で使われるのではなく、一応この送配電所に集められて本土の電力会社に送られる（売電される）のであろう。そうであれば、つくられた風車発電機からの送電施設が必要となる。

その送電施設は、おそらく地下埋設ではなく送電線によると思われるが、しかし他人の所有地に無断で架線を敷設することはできない。一番架線が敷設しやすいのは（その同意が得られるのは）道路（ここでは市道）であろう。市道であれば特別な支障がない限り道路沿いに送電線を敷設することができるだろう。そうであるとすれば、この島は道路上に電線が張りめぐらされることになる。

一応、予定されている現地を見せていただいたあと、大岩さんたちほか四、五人の方から話を聞くことができた。風車設置が予定されている地区、ここでは郷という（ちなみに長崎県の南、北松浦郡には大字というものはなく、町村の次の構成単位は郷であるから、大字に相当するといってよいかもしれない）が、その代表者である郷長さんたちの話である。

「昨年の六月ごろのこと、電力会社の人が郷長のところに来て風力発電のため土地使用に協力して欲しいと言い、土地使用承諾書を出してこれに署名捺印してくれと言われた」。それには、「このとおり地番とその面積、所有登記名義人は記載されておるが、土地使用料は記載がない」と用紙を見せられた。「風力発電がどういうものか、よう分からなかったが、地元のためになるならと思うて署名捺印した」とのことである。

ありていに言えば、事情がよく分からないまま念書を入れたことになるが、強風のときの音の害や、

二、三〇メートルもあるブレード（羽根）が破損するおそれもある（他の地域ではそれによって人家が被害を蒙った例がある）。そのような事情が分かってきたので、いま島内ではほとんどの人が風力発電基地設置反対である。五〇基は多すぎる、一〇基か一五基程度ならよいという人もいるが、それでは電力会社は採算がとれないのであろう。

「そのときはよう分からんやったが、こげん小さか島に五〇基の風車が音を立てたら、大事《おおごと》になる。郷のみんなが反対しよるので、いま電力会社に土地使用不承知の通知を出すことにしとります」とのことだ。書かれた承諾書を見ると、土地使用料について白紙であるばかりでなく、土地所有者名はどの郷もその郷の代表者である登記名義人、しかもその人々は多くが郷長たちの先代または先々代で、現実の郷の住民ではない。ほとんどの郷住民が賛成していない以上、不承諾の通知を出すのは当然であろう。

その夜は平港近くの藤屋旅館に泊まって島の由来などを聞いたが、ここ平郷はその名のとおり、平安時代後期、平清盛の舎弟平家盛が本島に上陸、土着の豪族を平定して宇久氏を名乗り、地名を宇久平《うくたいら》と呼ぶようになった。平郷の氏神神島神社は平家盛が鵜戸神宮の祭神を勧請したものであるという。

明くる朝も風静か、風車は回るまい。参拝かたがた、この平郷の歴史を見歩くことにしよう。

誰のための誰の温泉か

大分県別府市堀田

平成一五年四月

温泉地として知られた別府には、別府八湯といって八つの温泉場があり、まとめて別府温泉と呼ばれている。その八湯の一つ堀田温泉がいま危機に立たされている。別府市がこの堀田地区に新たに大型温泉を建設中で、それに必要な湯を確保するため、堀田の人々によって愛用されている堀田東温泉を廃止しようとしている、というのである。堀田組の世話役であり別府市議である加藤純子さんから、ことのあらましを聞いた。

別府八湯の「八」とは単に温泉の数ではなく、村＝むらの一つ下の単位である「組」を意味するのであって、堀田温泉というのは「堀田組持」すなわち堀田組の人々が共同で所有していた「湯」であり、このことは他の七つ湯でも同じである。いま危機にさらされている堀田東温泉は、すでに廃止されている堀田西温泉からの引き湯で、その西温泉はもともと堀田組持温泉の元湯であった。それが昭和初期に同じく組持財産であった山林原野（いわゆる入会地）と一緒に別府市（当時は石垣村）に寄付させられ、それ以降、少なくとも温泉の底地（地盤）は別府市有地となった。その後、温泉が改修され、温泉地として賑わいを見せて共浴場が手狭となったため、五〇〇メートルほど離れた土地に新たに浴場を設けて、もとの湯口から送湯管をつないで引き湯し、堀田の人々専用の浴場とした。この底地（地盤）は堀田組共有（かつての氏神社の名義）であるが、それ以来この新しい共浴場を堀田東温泉、従来からあった温泉を堀田西温泉と呼ぶようになった。ところが平成五年秋の台風で堀田西温泉共浴場が破損し、浴場として使用できなくなり、また外来の浴客も少なくなったため、これを閉鎖して、東温泉だけとなった。堀田組では西温泉の再建を別府市に要請したが、市はこれを取上げなかった。そのため西温泉のあとは廃墟といってよい状態である。しかし、いまでも東温泉はその西温泉の湯口から送湯を受けており、自身の湯口をもっていないのである。

いま別府市は、この西温泉から約五〇〇メートル北、県道沿いに大型市営温泉（会館）を建造中であるが、同じ湯口から引き湯する予定で、湯量をまかなうため東温泉を廃止して、その湯を全部大型温泉に充てようというのである。

天下の温泉地別府もこのごろはいささか斜陽気味で、もっと浴客を呼ばなければいかん。それには新しい大型温泉が必要で、いま堀田に大型市営温泉をつくるのだ。そのため小型の東温泉は埋もれても仕方ない。大型温泉の入湯はもとより有料であるが、堀田の人々は優先的に特別料金で入湯できるようにする。小型市営温泉から大型温泉に移るだけだからよいではないか、というのが市の言い分のようである。これに対する加藤さんのご意見。

「それはとんでもない言いがかりです。この堀田東温泉はいま別府市から財政的な援助を受けていますが、温泉の湯もこの建物も堀田組のもの、財産ですから、市の行政上の都合で取られるいわれはありません」

この湯（温泉）はもともと堀田組のもので、温泉に対する支配権は堀田組がもっている。別府市の湯を使わせてもらっているわけではないから、別府市の都合でこの温泉を廃止するのは不当だ、という理由で加藤さんたち堀田組の人々（内湯をもっている者を除く）約五〇名が、別府市を相手として、東温泉への給湯を差し止めてはならない、という訴訟を一年以上前に大分地方裁判所に提起している。

その堀田東温泉は県道の西側にあり、木造建ての、一般の〝銭湯〟と変わりない建物で、組の集会場もかねて中に広い部屋がある。加藤さんにお願いして、春の夕刻まだわずかに明るいころ、堀田組の世話人ほか何人かの方々に集まっていただいて話を聞くことができた。

堀田東温泉は堀田温泉組合が管理しており、組合員は堀田組の人々約一一〇世帯で、堀田組の全世帯ではない。というのは自家に温泉をもっている約三〇世帯は組合に入っていないのである。また組合には堀田組の住民だけでなく、すぐ隣接の本町組や生目《いけめ》組の人々数名が加入しており、堀田組と温泉組合とは必ずしも一致していない。いずれにしても組合員は年額五〇〇〇円の維持費を負担しなければならない。

そのとき集まった皆さんは次のように現状を話して下さった。

「この温泉は堀田組のものですよ。この建物は組の集会所になっとるし、湯は堀田組もんのはだかの付き合いの場なのですよ」

「市はなんぼかの補助金を出して市営温泉といいよるが、それは違う。私たちはちゃんと維持費も出通の銭湯や温泉場と同じように考えているが、それは間違いだ」

「堀田組の者の湯だが、それ以外の人でも誰でも入ることができる。だからというて市はこの湯を普しとるし、一番大事な〝湯そうじ〟も交替でやっとる」

別府八湯はみな別府市有あるいは市営といわれているが、実体はこの堀田温泉のようにそれぞれの「組持」ないし「組合経営」ではないのか。ほかの湯の実情も知っておく必要がある。ということで、加藤さんの案内で、このたびの調査に助手として同行してきた西南大卒業生の寺嶋悠さんと一緒に組めぐりをすることになった。

まず訪れたのが同じ八湯のうちすぐ北にある鶴見温泉の地蔵湯である。浴舎は堀田湯に比べてはるかに小さい。その建物に入ったところ正面に地蔵さんがあり、その前に賽銭箱が置かれている。左側が男湯、右側が女湯で、加藤さんは早速女湯へ入っていかれた。続いて私も……というわけにはいかない。すぐ寺嶋さんに「悠さん、あなたもついて行きなさい」と言うと、すぐ続いて女湯の方に入っていった。二人とも文字通り着の身着のままであるが、これは加藤さんがこの人々と顔見知りの間柄だからこそ着たまま浴室に入れるのである。もともと着衣のまま浴室に入るということは、火急の場合でない限り失礼なのだ。それでは私も男湯の方に入るか？　着衣を脱いで入るだけの時間もないし、第一、ただはだかで浴室に入ってもそれで「はだかの付き合い」になるわけではない。入浴中の人々にとっては見知らぬ客が入ってきたと思うだけだろうし、こちらからは「いい湯ですね」くらいしか言うことができず、おいそれと細かい事情を聞くことなどできるものではない。

同行してきた「助手」が女性でよかったと思いながら待つことしばし。昼間のことであるから浴客はお年寄りが多い。湯上り客と一緒に出てこられた加藤さんたちとそこで話を聞くと、ここは鶴見のうちの明礬《みようばん》組十数名の共浴場で、堀田に比べれば人数も少ないが、市から補助を受けているものの、湯が組の人々のものであるという考えは堀田の場合と変わりないようである。

別府市は、堀田組の人たちが別府市を相手として、東温泉への給湯中止の禁止を求める訴えを大分地方裁判所に提起しているにもかかわらず、平成一五年四月一〇日に大型温泉会館を開館するのに湯量が不足するので、その前日までに東温泉の給湯を止める、と通告してきた。堀田組の人たちは、いま温泉権の存否について訴訟中であるのに一方的に給湯を止めるのは不当である、と裁判所に温泉権保全の仮処分の申請をした。そして四月七日に裁判所で審尋が行われ、私も傍聴することができた。そのとき裁判官が別府市の担当者（温泉課長）に、なるべく早く決定を出すからそれまで給湯停止を待てないのか、と尋ねると、その担当者は、大型温泉の四月一〇日開館は決まっており、また市長選挙の関係もあるので待てない、と答えた。これには堀田組の人々はもとより私も驚いたが、裁判官も首をかしげていた。そして裁判官は双方に対して翌八日午前中に理由書を出すよう命じた。

双方とも翌八日午前中に書面を提出したが、何とその日の正午過ぎ、別府市温泉課長ほか役人が数名堀田に来て、東温泉の湯口を差止めてしまった。屈強な男たちの一方的なやり方だったので現地にいた少数の堀田の人々もただ呆然とするよりなかった、という。

当時の堀田東温泉（上）と現在の市営堀田温泉（下）（加藤純子さん提供）

それにしても別府市のやり方は何だろう。大型温泉の開館はともかく、市長選挙があるから待てない、というのはいま市長選挙に立候補している現市長の選挙対策以外の何ものでもない。温泉にせよ観光にせよ、市民（住民）あってのものではないか。それを抜きにして市長や市役所などの行政機関で観光事業をしようとするのが間違いではないか。

平成二四年五月

後日記

堀田温泉事件（？）があって以降、別府市を列車で通ることは何回かあったが、湯の町を訪れたことはなかった。一件落着させられたという話は聞いているが、その後の事情はどうなのか、当時世話役であった加藤純子さんが、最近の事情を知らせてくださった。

「新堀田温泉は別府市営温泉の中では入湯料がちょっと高めですが、外部（県内外）からは人気があるようで、入湯者の数は市営温泉の中で一番多かったようです。新設した当時七〇歳以上の人は無料だったのですが、五年ほど前から半年分無料に変わったそうです。

堀田東温泉を利用していた地元堀田組の人たちにとっては泉質も悪く（カルキ臭い、肌がかゆくなるなど）て、ときどきしか利用していない人、家の中の沸かし湯に入っている人、他地区の温泉組合員になってその湯に入っている人など、さまざまです。新温泉は観光用ではあっても、地域コミュニティの性格の温泉ではありません。以前のような〝湯組〟の仲間が割かれたようで、地元に古くからおられる方は皆さびしがっているようです」

ちなみに加藤さんも数年前、堀田から別府市近郊に転居され、児童福祉施設経営に力を入れておられる。

私は不本意ながらその後、別府市（温泉当局）の意向を聞いていないので、公式報告であれ目を通したいと思っている。

十二支のいる町　宮崎県東臼杵郡北方町（現延岡市）

平成二三年一一月

九州東海岸のほぼ中ほどにある宮崎県延岡《のべおか》市から西、五ケ瀬《ごかせ》川を遡ったところに北方町がある（平成一七年、合併により延岡市の一部となった）。

私が西南学院大学教授であったころ、法社会学ゼミナール実習の一環として農家相続の実態調査をほぼ毎年行ってきた。当初は民法の共同相続が農家経営の零細化をもたらすか否かが中心テーマであったが、後には誰がどういう条件で農家を承継するか、という問題に変わってきた。調査の対象地は九州各地方にわたっているが、ここ北方町は平成六年、私が大学を停年退職する前年に、七、八名の学生、院生諸君と一緒に農家相続だけでなく農地、山林一般の権利関係などについて調査に来たので、きわめて懐かしいところである。その調査の結果は研究会＝ゼミナールの機関誌「ほうげん」に報告されているが、とくに思い出深いのは町内の早日渡《はやひと》という集落で、世話人をしておられた藤本兼男氏のお世話になったことである。同氏は早日渡の峰で「頂南望」という休憩所兼食堂を経営しておられ、私たちはそこで「日本で二番目にうまいそば」をごちそうになった。

ところでその住所は公式に北方町己だそうである。そういえば町役場の所在地は公式には北方町卯となっている。ここは川水流《かわずる》という集落にあるが、川水流といい早日渡といい、きわめて味わいのある地名であるのに、なぜ十二支、子丑寅……としたのであろうか。この町と十二支とどういう関係があるのか。そのことは当時の研究テーマでもなかったから、疑問に思いながらもそのままになってしまった。

平成一七年九月、中部九州とくに宮崎県北部の豪雨、それに伴う五ケ瀬川の氾濫、洪水により、上流の高千穂町から延岡市に至る、とくに沿岸一帯は浸水し、交通機関は遮断された。河川の段丘にある早日渡集落はまだしも、河床とほぼ同じ高さで町役場のある川水流一帯は甚だしい浸水に見舞われたとのことである。延岡から五ケ瀬川沿いに奥地の高千穂町へ至るもと国鉄高千穂線（のち三セク高千穂鉄道）も、路盤が崩れ鉄橋が落下するなど壊滅的な被害を被ったのだった。

この高千穂鉄道の復旧は甚だ困難なようで、二年後の平成一九年、延岡と早日渡間の廃線を発表した。これは五ケ瀬川下流域ほど路盤の損傷がひどかったことによるものであろうが、これでは早日渡－高千穂間はどちらも他の線路と接続がない、宙ぶらりんの鉄道となる。ただ高千穂は神話の里、そこにかかる天の岩戸の鉄橋などの損傷も少なく観光路線として活用したかったのであろうが、鉄道としての維持は困難と判断され、翌二〇年八月、廃線と決定された。

平成二三年秋、まだ暖かさの残る候、久方ぶりにこの北方町を訪れた。延岡駅前からバスで五ケ瀬川沿いの立派な道路を走るのであるが、鉄道線路の路盤は大部分残っている。一部レールの残っているところもあるが、ほとんどが荒れ地か藪である。ごく一部、路線沿いの土地とともに整地されて住宅などが建設中である。

乗ること三〇分ほどで北方町総合支所前で下車。支所で、以前ここを訪れたこと、最近の事情を聞きたい旨を言うと、早速支所長が応対して下さった。有難いことに、この支所長、地元北方町の出身だそうである（旧町外から赴任してきた職員であれば地元の事情は余り知らない）。そこでまず旧北方町内の十二支なる地名の由来を伺った。

「私が生まれたのは北方町未《ひつじ》ですが、子どもの頃は町が十二支で分けられていることなどほとんど気にしなかった。それを認識するようになったのは町役場に就職してからです」

明治一五年頃、当時の戸長が村民に地券を交付するに当たり、藩制時代戸籍や租税の単位であった

「門」を単位として干支を当てふり、それぞれ、子、丑、寅という押印を用いたのが始まりだという。当時、北方村は一村で、明治二二年町村制施行の折も単独で北方村となったのであるから、この子、丑、寅は大字ではない。それでは字なのであろうか。

「そのとき調べてみたのですが、全国で甲・乙・丙の十干の地名をもつ町村は新潟県や四国にありますが、干支の地名はここだけでした」

それでは県外の人たちに住所を言うときにいまでは「延岡市北方町子・」で分かるのだろうか。

「それはやはり固有の地名を言わなければならないでしょう」とのこと。

話は変わって鉄道がなくなったことについてお尋ねすると、幹線道路が完備されているし、車をもたない者でも、およそ一時間ないし一時間半ごとに延岡と高千穂の間をバスが運行しているので格別不便を感じていないのではないか、北方の奥地の方からも余り不便さは聞かれない、とのことである。

支所を辞して国道を三〇〇メートルほど歩くと「支所前」の次のバス停「川水流駅前」である。広場を隔ててあるのは駅ホームの土塁と二本の赤さびたレールだけである（当時ここは行違い交換駅であった）。そのレールは残念ながらどちらにも延びていない。せめて駅名だけでもと、やはり鉄道への思いは断ち切れないのではないかと思った。

最高裁判所まで行った入会地裁判

鹿児島県西之表市馬毛島　平成一三年一〇月

種子《たね》島は鹿児島市の南約九〇キロ、大隅半島の南端からは約四〇キロメートルの位置にある。島の北部が西之表《にしのおもて》市で、その西約一〇キロメートル沖に馬毛《まげ》島という面積八平方キロメートルほどの小さな島がある。一番高いところで海抜七〇メートルほどのほぼ平らな無人島（ただし現在は数人が寝泊まりしている）で、いま開発業者によって採石が行われており、これをめぐって紛争が生じている。

小さな島で採石が行われれば自然環境が破壊され、海が汚れることは必至で、この周辺の海に甚大なる影響を与える。この馬毛島には港らしい港もなく、切石を搬出する船が着岸できるような港は西之表市街に向かい合う東岸の葉山港があるだけである。港というには小さい船着場であるが、その船着場と続く魚乾場などの土地が、そこから最も近い西之表市の塰泊《あまどまり》組住民の共有入会地なのである。採掘した石を搬出するにはどうしてもこの葉山の船着場（港）が必要で、業者は塰泊組にその買入れを申入れた。その売買をめぐって塰泊組で意見が対立し、塰泊組住民約六〇名のうち四〇人が自分の持分を業者に売った。そして業者が工事用に大きな車を入れ、屈強な男たちが出入りしており、住民は余り近寄ることができず、漁にも差支える、というのが実情のようである。

馬毛島で塰泊浦の方々と

まずは現地を見ようと、一〇月のはじめ、この相談を持込まれた鹿児島の蔵元淳弁護士と一緒に種子島西之表に赴いた。

ここ種子島を私が最初に訪れたのは昭和四〇年ごろ、鹿児島県の委嘱による種子島の入会林野の現状調査のためで、九州大学助手（現教授）の堺正紘君と一緒だった。調査したのは西之表市山間部の古田集落と東海岸安《あん》納《のう》集落であった。西海岸に小さな離島が望まれ、その間に市営の航路が往復していたこと、そして市の中心部の丘の上にある種子島資料館で、種子島時哲館長から伝来当時の鉄砲の扱い方について講釈を受けたことが記憶に残っている。

着いた日の夜、塰泊の地元の人々から話を聞いた。「このような組の共有地は全員の賛成がなければ売ることはできんとではないですか」との質問を受けたが、そのとおりだ。六〇名中四〇名が売ったといっても、土地の三分の二を売ったということにはならない。

その翌日、少々風があるが天気は晴。塰泊浦の人々は長瀬秀雄、浜田純男さんら約一五名、みな汐焼けして逞しい色をした人ばかりだ。そのほかに蔵元弁護士と私、種子島自然を守る会の世話役である牧洋一郎氏。同氏は鹿児島在住であるが西之表出身で、今回の案内役だ。それと紅一点、西之表市議の長野広美さん。塰泊浦から総勢二〇名が二隻の船に分乗して馬毛島へ向かって前進！　天気晴朗なれど波いささか高し、横波だけでなく縦波も打ちつける。私たち非漁民が乗った船は船室もあり、他の人々は船室に身を潜めていたが、私は船上に立って船の柵につかまり、豪快に押寄せる波に上下左右に揺れる船のとおり身体を動かしてゆく（こうすれば酔うことはない。昔海軍で上陸用舟艇の艇指揮をしたことを思い出した）。爽快な二〇分ほどの行程で馬毛島唯一の船着場、葉山港に着いた。なるほど見渡す限り船が着けられるようなところはこの港しかない。バラックとはいえない白い小さな建物が二棟あり、トラックも何台か並んでいる。

全員上陸。これから現地を見にいこうとするとき、世話役である牧氏が蒼白い、参ったという顔をしている。船酔いしたようである。これを見た長野さん、

「一番年上の中尾先生がしゃんとしているのに、一番若い（実は言う御本人の方がさらに若いのだが）あなたがへたばるなんて……」

これ以降、牧氏は長野さんに頭が上がらなくなった、というのは誤報のようである。船酔いするかどうかは体質やそのときの風波の状況にもよるが、船の揺れに抵抗しないことが船酔いをしないための要件である。

この船着場一帯、約二万二〇〇〇平方メートルが澳泊組の共有地で、海岸沿いのところは漁獲物の乾場、岸から少し離れた雑草地は泊小屋のあったところだ。その一隅にトラックが置いてある。これは石切場からここまで砕石を運ぶためのものであろう。この澳泊組持の船着場一帯を除いて、この島全体の土地を所有しているのはM開発会社なのだ。会社にしてみれば採った石を搬出するにも、というよりこ

公道上で通行を妨害するＭ開発会社関係者

の島に出入りするためにもこの船着場一帯の土地が欲しい、と思うのは分からぬでもないが、塰泊組にしても、この漁の基地を手放すことはできない。そればかりでなく、ここで砕石が行われれば海が汚れ、環境が悪化するという理由で長野さんたち環境保護を唱える人々が反対運動を起こしているのだ。

採石などの工事によって生ずる被害を知るため作業の現場を見たい。船着場から島の一番高いところ（小さな祠があるとのこと）まで一本の道路があり、ともかく島の実情を見ようと道路へ入りかけると、道路の中央に大きなトラックが置いてあり、その前に屈強な男が四、五人立っている。私たちが行こうとすると立ち塞がって、ここは会社の土地だから入ってはいかんと言う。確かにM開発会社の土地であるが、この道路は公道（西之表市道）だ。公道である以上、土地の所有者が何びとであっても、個人の通行を拒否することはできないはずだ。そう言うと、会社から誰も通してはいけないといわれている、と言う。要は雇われ何とかだ。こんな連中を相手にしても仕方ないと思ったが、塰泊浦の人たちにすると、あの連中がいつも頑張っているので、安心してこの港に船をつけることも、まして上陸することなど、おそろしくてできない、とのことである。

この島は、戦後開拓農地として国が取得していたが、脱農化が進み昭和五五年に無人島となったので、その土地をM開発会社が買受けた。ただ、この船着場とそれに続く魚の乾場はそのまま塰泊浦所有であり、塰泊の人々の漁業用地、泊小屋用地、草木の採取用地としてその役割を果たしてきたのである。

前述のように、この土地を手に入れたいと思ったM開発会社は塰泊浦組の総代役にその買入れを申入れた。申入れを受けた総代らは昭和六三年に組の総会を開いて、この土地の売却をはかった。浜田さんはじめ、いまここに来ている人たちはもとより反対した。しかし組総代は売ることに賛成多数という理由で、会社に対して登記上の持分の約三分の二を売却（所有権移転登記を）した。会社はこの船着場の一部を買受けたから、当然この土地を使用する権利があると考えているようだが、このような村や組持ちの共有地は法律的に入会地であり、各自が持分を売ったり担保に供したりすることはできないのだ。

こうなればこの土地の一部売却が無効であることを認めさせるために裁判に訴えるほかない。島の中に入ることができず、いささか無念の思いで塰泊浦に引返し、皆さん方と裁判の手続きについてお話しした。

この土地は、実質組共有の入会地であり、各自持分を売ったり担保に供したりすることはできないので、まず業者に対してこの土地が塰泊浦の人々（実質六二名）の共有入会地であることの確認を求めることが必要であるが、それには共有権者全員（六二名）で訴えを提起しなければならない。

だが、ここの場合、六二名全員で訴えを提起することができない（それができる状態にあるなら、もともと訴訟など必要ない）。私たちは、今日一緒に現地に行った皆さんに、皆さんたちのほか売却に反対している人たちが原告となって、M開発会社のほかに組代表や持分を売った人々を相手（被告）として裁判を提起することになるが、中に態度のはっきりしない人たちがいたら、その人たちにも原告になってもらいたい、と話して、ひとまず種子島をあとにした。

その後しばらくして訴訟手続きもほぼ終わったので確認のため再び種子島を訪れたが、そこで浜田さんや支援者である牧氏の苦労談を聞かされた。それは、原告、被告についてのことである。

この土地を売るかどうかについては総会の多数決で決まったことになっているが、各自に意見を聞いたわけでなく賛成多数ということで、誰が賛成で誰が反対か必ずしもはっきりしていないのである。明らかに反対、賛成という人は分かるけれども、そうでない者も少なくない。総会のあと、総代たちはM開発会社と土地の持分の約三分の二の売買契約、移転登記をすませたあと、M開発会社からその代金が支払われている、その代金の何割かが、組の何名かに配分されている。反対派の人たちはもとより受取っていないが、よく事情も分からず受取ったり、受取ったが売ることに余り賛成でない人たちもいるのである。

この人たちに事情を話して原告として参加するよう話をすると、お金をもらったからとか、総代などを相手として裁判することはできないなどの理由で断られることがしばしばあった。そこで、原告となれないなら仕方ない、被告にするよりほかない、と言うと、「被告などとんでもない、私が何か悪いことでもしたというのか」と言われることが少なくない。民事裁判の相手方としての被告と刑事事件の被告人とが混同されている。その違いを説明するのに一苦労する。とくに、自分は売ることに賛成ではないが、総代との関係もあるので原告となることはできない、と断られたときは涙を呑んで（いささか大袈裟だが）被告となってもらうよう了解を得なければならない。被告として訴えられることは誰しも好まないことであるし、原告にせよ被告にせよ、もともと隣近所でもある同じ組の人々が二派に分れるということが問題なのである。

このような苦労を重ね、平成一四年九月、浜田さんら二六名は、M開発会社と総代はじめ持分を売ったという人たちのほか原告になれなかった人たちあわせて三六名を被告として、この土地に原告ら二六名とM開発会社以外の被告三六名、いずれも湰泊組住民である合計六二名の共有入会権が存在することの確認を求める訴えを鹿児島地方裁判所に提起した。だが裁判官は、入会権確認についてろくろく審理をせず、入会権確認の訴訟は入会権者全員が訴えなければならないと、最高裁判所昭和四一年一一月二五日の判決を先例として、平成一七年四月一四日、この訴訟を却下、つまり門前払いした。この最高裁判決は同じく入会権確認を求める事件についての判決で、村を相手としてある地区の住民約二六〇名が、この土地が住民三三〇名の共有入会地であることの確認を求めたものであるが、残る住民約七〇名は裁判に参加していない。しかし、ここでは、共有者と思われる者は全員顔をそろえており、その最高裁判決とは事案、当事者関係が違うのである。このことを理由に高等裁判所に控訴したが、福岡高裁宮崎支部も平成一八年六月三〇日、このことを理解せず訴えを却下した。

とりあえず、この判決は最高裁判例の解釈、引用を誤っているという理由で最高裁判所に上告受理の申立をした（ちなみに最高裁へ上告できるのは原則としてその判決が憲法違反の場合に限られ、そのほか最高裁判例違反か、もしくは法令の解釈を誤ったときに上告受理の申立をすることができる)。

平成二〇年七月

後日記

馬毛島裁判の上告受理申立から一年半過ぎた平成二〇年三月、最高裁判所から、弁論を開くから六月一六日に出廷するように、と通知を受けた。私たちの上告受理申立が認められた。もっとも上告が受理されても必ずしも上告人が勝訴するとは限らないが、ともかく当方からの上告が受理され、口頭弁論が開かれると知って、私はやっと分かってくれたか、という思いであった。

さて、六月一六日、午前一〇時半開廷なので、一〇時すぎに最高裁通用門の入口広場に着いた。私がこの最高裁に来たのは二回目で、昭和五七年一一月、入会裁判でお手伝いしていた岩手県世田米《せたまい》の事件の審理に傍聴に来たことがある。初めて来た最高裁であったが、建物がいかめしく、警戒も厳重で出入りもままならず、甚だ権威主義的だという印象が強かった。そのいかめしさは余り変わりないが、その広場で、ほとんど見ることのできない最高裁での裁判をこの際見学したいとの希望で今回同行した妻と二人で待っていると、まもなく当方上告人側の顔ぶれがそろった。鹿児島の蔵元淳、増田博弁護士と上告人代表浜田純男さん、支援者代表牧洋一郎氏と鹿児島法律事務所員の岡美穂さんと私たち合わせて七人で、裁判所の係員の指示に従って建物の中に入る。

その入口で代理人弁護士と傍聴人とに分けられる。代理人弁護士のほうは鞄など持込み自由、フリーパスであるが、その他の者は、携帯品はすべて入口のロッカーに入れた上、空港にあるようなゲートをくぐらされて傍聴人控室へと向かう。私たち上告代理人三名はさらに上告人控室へ案内され、まもなく本件担当の第一小法廷に入り上告人席に座った。

この法廷、正面はもとより裁判官席が一段ではなく数段高く、反対側の傍聴人席との間に双方の当事者席があることはいうまでもないが、その当事者席は一般の裁判所のように裁判官席の前方左右に直角にではなく、逆八の字形になっているのが特徴的である。上告人席は私を含む弁護士三名、上告人浜田さんを含め他の人々は傍聴席、相手方はと見ると、被上告人席には若い弁護士が四、五名、傍聴席は一名（M開発会社の社長とのこと）であった。

いよいよ開廷。五人の裁判官がいかめしい顔で着席。横尾和子裁判長が開廷宣言ののち、まず上告人側に対して上告理由の趣旨を尋ねる。当方、蔵元弁護士が「書面の通り陳述いたします」と口頭陳述する。そして裁判長は相手方にも同様の質問、代理人の陳述も同じ。ついで横尾裁判長が「上告人、何か補充陳述がありますか」と尋ねられたので、私は立ち上がって、「はい、あります」と言い、提出しておいた上告理由補充書（これは各裁判官にわたるよう数部提出してある）を中心に約五分間、口頭陳述をした。口頭で述べる（しゃべる）ことは別に苦労しないが、私は早口で、ときに発音不明瞭なことがあるので、このときは十分注意して陳述したつもりである（あとで妻に聞いたら、私の話し方について八〇点以上をつけてくれた）。

そのあと相手方は別に主張なく、裁判長は「これで閉廷します。七月一七日に判決言渡しをします」と言われ、無事閉廷。

まずはよかった、と一同、盃こそ挙げなかったが、近くで昼食を共にし、帰路を急ぐ方もあり解散。私たち夫婦は新幹線で京都へ。京都で一泊、社寺参詣で久方ぶりに解放された一日をすごした。

最高裁判所は上告を受理しても、その理由がないときは口頭弁論を経ないで（法廷を開くことなく）上告を棄却できる、と民事訴訟法に規定されている。したがって原判決を破棄し、差戻しか自判する場合には口頭弁論を開くべきだ、ということになる。しかし口頭弁論を開いたときは原判決を破棄しなければならない、という規定はない。最高裁が口頭弁論まで行って、よもや上告棄却ということはあるまい、と期待八分、不安二分の一か月だった。というのも、この判決の影響はこの事件だけにとどまらないからである。

判決言渡しの七月一七日は木曜日であり、言渡し時刻は午前一〇時半であるが、通常判決言渡しは裁判長がその主文を読むだけなので、よほどのことがない限り当事者や弁護士が出廷することなく、あとで判決文を裁判所に受取りに行くか、裁判所から当事者または代表弁護士に送付されるかである。近くの裁判所ならばともかく最高裁判所となれば判決文を送付してもらうしかない。

本件の送付先は鹿児島の蔵元弁護士事務所である。七月一七日は木曜日であるが、その日の午後最高裁から判決正本が発送されても、翌日金曜日までに鹿児島に着くという保証はない。その翌日は土曜、日曜、そしてつぎの月曜二〇日は休日である。それではいつ判決の結果が分かるのか。私たちとしては一刻も早く知りたい。

幸いにというか、七月一五日に山梨県甲府地裁で入会裁判の弁論が開かれる。私も入会集団の代理人として参加しているが、その弁論の日から中一日おいて最高裁判決の言渡しの一七日である。そこで私は最高裁に、当日判決文をもらいに行きたい旨電話したところ、同日午前一〇時半すぎに控室に来るように、との連絡をいただいた。

その七月一七日、一〇時半の開廷前に最高裁の入口広場で身分を明らかにして係員に判決文を受取りにきたと言ったら、それなら控室に行くようにと言われた。入口でその旨告げると、今回はもとより携帯品も預けゲートをくぐらされたが、傍聴人のバッジを付けてくれた。そこで前と同じ控室へ行ったが、今回は人影少なく若い女の人が二人いるだけで、あとは裁判所職員と思われる人が二、三人いるだけである。係官に氏名を告げて判決文交付依頼の旨を告げると、それでは法廷で上告人席に座りなさい、と言われた。そこでバッジを付け替えさせられ、係官に案内されて私一人、前回と同じ上告人席に座った。被上告人は誰もなし、あと傍聴席に先ほどの二人、おそらく相手方弁護士事務所の女子職員であろう。

まもなく開廷。横尾裁判長が、「原判決を破棄し、第一審を取消す。本件を鹿児島地方裁判所に差戻す」と判決主文を読まれ、それで閉廷。まずは期待通り、ひとまず安心した。時間にして二、三分であるが、そのため上告人席に一人座っている人間を見て、裁判官はどう思われたであろうか。

閉廷後、係官に案内され、法廷の隣室で判決文の交付を受けた。これには判決正本のほか当方の上告受理申立理由書が添付されていた。早速判決の結果を鹿児島に連絡しなければならない。ともかく初めて勝ち取った最高裁判決だ。そしてこれが、これからの判例になるだろうとひそかな誇りを抱くとともに、まだ入口で勝訴したにすぎない、これから本案――問題となっている土地が住民の入会地であることを確認するための訴訟――に向けて努力しなければならないと思うのだった。

平成二三年六月

追記

それから約四か月後、鹿児島地裁で差戻審裁判が開かれた。ここでは、この船着場一帯の土地が塰泊組集落持の共有入会地であるか、それとも二六名と三六名、合計六二名の各個人ごとの共有地であるかを判断すればよいのである。ところが裁判官は、「この二六名と三六名で入会権者全員であるか、もし一人でも欠けていたら裁判を却下する」、「塰泊組住民中入会権者でない者がいるが、これはどうなのか」などと訴訟当事者以外の者について不当な指摘をした。

何びとが入会権者であるかは入会集落の慣習にもとづいて集落が自主的に決めることであって、第三者がとやかく言うものではない。ましてや裁判所といえども、当事者の中に転出などの理由によりその者が入会権者ではない、と言うことはできるが、何某が入会権者として当事者の中に入っていないなどと言えるものではない。

ところが、この裁判を提起したとき、入会権者であったか否か態度がはっきりしなかった者が二、三名おり、その者は原告にも被告にも入っていない。この二、三名はいま自分たちも入会権者だということを積極的に主張しているわけではない（主張するならば、自分たちも入会権者であることを求めて別に裁判を提起すればよい）。裁判が終わった後で入会権者として認めればよいことである。それにもかかわらず、裁判官の「一人でも欠けていたら」の言におそれをなしたため、原告たちは他に二、三人いることを認めてしまった。そこで相手方（主として業者）も、ほかにも入会権者がいる、何某が入っていない、と言い出した。ということは湊泊組入会集団の存在を認め、結局、この土地が湊泊組入合集落の共有入会地だと認めることになる。

そして二年後の平成二三年六月一五日、鹿児島地裁は落第点さえもつけられない判決を下した。まず「訴え提起当時の二六名及び三六名の合計六二名は全員入会集団の構成員であると認められる」と言いながら、「それ以外にこの入会集団の構成員がいる」と三人の名を挙げ、本件では入会権者（と思われる）全員が訴訟当事者となっていないので訴えを却下する、と言うのである。

この裁判はある土地の所有者が入会集団であるか否かを争っているのであって、何びとが入会権者であるかを争っているのではない。何びとが入会権者であるかは入会集団が決めることで（ただ当事者中入会権者として適確でない者の指摘はできる）、ある個人が当事者として入会権者であるかが争われるとき以外は、裁判所といえども干渉すべきではない。このような点のつけようがない判決は控訴しても再び差戻しとなり時間がかかるばかりであるので、新しく裁判所の御忠告に従って三名の者を被告に加え（そのほか原告を辞退して被告とされた者も三、四名いる）、訴えを提起することとなった。

翌七月はじめ、防衛省副大臣が西之表市を訪れ、馬毛島をアメリカ空母艦載機陸上離着陸訓練の候補地としていることを地元市町村に伝えた。このような話は以前からないではなかったが、これに伴って地域活性化を理由に受入れ推進派が動き始めた。しかし、西之表市議会は反対を決議、大多数の住民は騒音被害、環境悪化を理由に反対。もっとも、いずれとも態度を表明しない人々も少なくないが、原告の人々だけでなく塰泊住民にとって祖先から受継いだ漁の基地、平和な海なのである。それを軍事基地にしないためにも、この裁判はぜひ勝たなければならない。

裁判は無駄ではなかった　鹿児島県大島郡瀬戸内町

平成一五年一〇月

九州鹿児島の南西約三五〇キロメートルの位置に奄美《あまみ》大島があり、その一番南にあるのが瀬戸内町である。島の首都ともいえる名瀬《なぜ》市からバスで約一時間半で行けるが、かつてはその倍の三時間以上かかっていた。道路事情も悪く、いくつかの峠を登り下りしなければならなかったからである。

昭和四三年、当時はまだ道路も十分に整備されておらず、左右曲折、登っては下ることの連続だった。大島全体が高からず（標高三〇〇メートル平均）とはいえ山岳重畳の地であるから、海岸線もさりながら、谷間と峠の連続だった。ある集落を過ぎて車は小渓沿いに右往左転しながらさほど広くない道を登ってゆく。登りつめたところが峠、展望はよく、谷間の集落を隔ててはるか前方に同じような峠が見える。次にそこまで行かなければならないのであろうが、せっかくこの峠まで登ったのだから、高さも同じに見える向こうの峠まで、わざわざ下りずに直接行く手はないものか、とさえ思った。しかし車はいったん山を下って集落を過ぎ、再び峠道を登るということのくりかえしだった。このような上下左右道の連続で、そのときは午後二時に名瀬を出発し、夕方五時半過ぎに瀬戸内町の中心古仁屋《こにや》に着いたのだった。

いま道路は完全舗装され、いくつかの峠にはトンネルが穿《うが》たれているが、名瀬から行けば残された最後の峠ともいえる網野子《あみのこ》の峰にさしかかると、眼下に美しい瀬戸内の海の風光がひらける。ここは海抜約四〇〇メートル。あたりに連なる奄美の山と海とが望める風貌絶佳の地である。ところが、この土地がごみ焼却施設の設置予定地とされたため、地元の人々が反対し、裁判をやりたいというので、お手伝いに来た次第である。

この土地は二ヘクタールほどの雑木林で、いま格別利用されていないが、かねてからごみ処理場を探していた瀬戸内町はこの土地に目をつけた。平成一〇年にこの土地の所有者である網野子集落（この峠から国道を下った海岸にある集落）に借受けを申入れた（土地の登記は網野子住民九名の代表者名義となっている）。網野子集落では町の説明を聞き、その年一〇月に総会を開いて処理場設置を認めるかどうかを審議し、出席者四〇余名のうち五、六名の反対はあったが、代表者A区長は多数決で同意したものとして、町との建設同意書に署名した。

だが、ここにごみ処理場が設置されると、美しい風景をそこなうだけでなく、周囲一帯がダイオキシンの被害を蒙ることになるということで、町内有志で瀬戸内町環境を守る会が組織され、設置反対の声明書を出した。しかし瀬戸内町は計画を進め、平成一二年二月には網野子集落で説明会が行われ、この席上でも保《たもつ》武男さんら五、六名が反対だと主張し、席を立ったが、町は住民多数の賛成があったということで計画を進め、網野子区長乙氏との間にごみ処理施設目的のため存続期間二五年とする借地契約が取交された。そのようないきさつで、瀬戸内町は、この土地の所有者である網野子集落住民の同意を得たと考え、この土地の地上の立木の伐採を始めた。

このまま放ってはおけない、と環境を守る会の人々が保さんたち反対派を支援して、瀬戸内町を相手として工事差止めの裁判を提起しようということになり、そこに私が参上した次第であるが、守る会の事務局長である義富《よし》弘さんが、これまでのいきさつを次のように話してくれた。

「こんなところにごみ処理場をつくれば、周囲の環境が悪化することは誰が見ても分かることでしょう。この土地を二五年間もごみ処理場として使っていれば、そのあと山林として使い道がなくなるのは分かりきったことですが、網野子の多数の人たちが反対しなかったのは、町のすることだから、そして網野子集落は直接被害を受けることが余りないからです。だが山の反対側にある嘉徳《かとく》という集落が使っている川の水源地がこのあたりなんですよ。だから、ここにごみ処理場ができたら川の水が使えなくなる、とみな反対しています」

嘉徳は三〇戸ほどの集落で、幅約五メートルくらいの清流が海に注ぐところにある。この小さな清流はここの人々の生活用水なのだ。そしてこの小川で染色の仕事をしている人もいる。この小川の水が汚染されたら、この集落の人々が生活に支障を来すことは明らかだ。何とかしなければならない。

網野子の多数の人々がごみ処理場の設置に反対しなかったのは、そのことによって集落の人々に利益になるからではない。このような施設がつくられようとする場合に、共有地の人々に補償金が支払われ（各自が金銭的利益を得るので）、そのため反対できない、ということがしばしばある。ここではもとより町から借地料が支払われることになるが、その金はすべて集落の共益費に充てられ、各人に配分されることはない。網野子の人たちは懐勘定でごみ施設に賛成しているのではなく、集落の中に町役場関係の人々がいて町の方針に反対し難い、さしあたり余り被害はないから、という理由で、いわば消極的に賛成したのであった。

ごみ処理場設置反対派が掲げた看板

「あたりの人たちが被害を受けるというのに、自分たちに損害が少ないからというて賛成するというのはおかしい。第一、みんなの共同財産を多数決で売ったり貸したりすることができるとですか」という保さんたちの言い分は、全くそのとおりだ。

網野子集落の共有地は住民四〇余名（戸）の共有財産だ。共有財産を売ったり長期間貸付けたりするには共有者全員の賛成が必要である（民法第二五一条）。そこで、「この土地は網野子住民共有の入会地で、これを多数決で長期間第三者に貸付けることは無効であるから、瀬戸内町はこの土地にごみ処理場を設置してはならない」との判決を求める裁判を保武男さんたち反対者九名の名で鹿児島地方裁判所名瀬支部に提起するとともに、瀬戸内町長宛に設置工事の中止を求める要望書を提出した。

この守る会の反対運動に対して、「ごみ処理場が必要で、建設を推進せよ」との声明書が、町内いくつかの団体の連名で出されている。もとより守る会の人たちもごみ処理場が必要でないというわけではない。この土地にごみ処理場ができれば周囲の土地が荒れるばかりでなく、集落そしてその近くの環境を悪くするという理由で反対しているのだ。この推進派の人々はここにごみ施設ができることによって直接被害を受けることはなく、被害を蒙るのは他人の土地だ。いい気なものだといいたくなる。そこで、推進派の中に土地の管理に関係があると思われる団体名があったので、その団体宛に保さんら原告九名の名で、「ごみ処理場設置がぜひ必要であるならば、あなたの団体が関連する土地を提供したら如何ですか」という返答兼質問書を送った。

訴えを提起してから第一回裁判（弁論）が開かれるまで時間がある。その間まず、先に質問書を出した一、二の団体が推進派から名を消した、との連絡があった。一方、町長から代表者保さん宛に、「貴殿はこの土地の所有者ではない」という回答書が来た。これは心外だ。この土地の所有権登記は「保武男他八名」（いずれも網野子住民、ただしこの九名中七名は物故）と九名の共有名義になっている。もとよりこの土地は九名だけの共有地でなく網野子住民の共有入会地であり、この九名はその代表で登記上共有者となっているのだが、保さんが土地の共同所有者の一人であることは疑いない。町長が「入会権」というものを理解していなかったとしても、それは仕方ない。しかし、所有権登記というものを知らなければ町長失格である。無知か曲解か分からぬが、早速町長宛に抗議文を送った。

さて裁判での保さんたち反対派の主張は、「この土地は網野子住民の共有入会地で住民四五名の共有財産であるから、その第三者への長期貸付（変更行為）は全員の賛成が必要であるにもかかわらず、多数決で貸付を決定したのは違法で、借地契約は無効であるから瀬戸内町は土地の使用権を有しない」という理由によって、ごみ処理場施設設置の禁止を求めるものである。これに対して相手方瀬戸内町は、「網野子集落には入会地についての規約があり、それにはこの集落のとりきめは総会で行うことになっていて、総会は全員の過半数の出席で成立し、出席者の過半数で決めることになっている。この過半数のとりきめはこの集落の慣習であり、いままですべて過半数か多数決でやってきたから、この（町に貸付けるという）決定は有効である」と反論してきた。結局、過半数ないし多数決による土地の貸付が有効か無効かという問題となる。

確かに、「網野子部落会規約」が平成二年につくられており、その中に「総会は構成員の過半数の出席で成立し、議事は出席者の過半数によって決する」との規定がある。そこで第二回の弁論で証人尋問が行われることになった。

平成一四年一二月四日に第二回の弁論が開かれた。傍聴席は保さんら原告のほとんどと、あと義さんら守る会の人々が数人来ておられるが、相手方は町の職員二、三名だけで、そのうちの一人は今日の証人で、町の本件借地契約担当の甲課長であり、網野子集落住民のいわば賛成派の一人である。早速証人尋問が行われ、私が原告代理人として質問に立った。

「この規約の中に、総会の決議事項として、事業計画、収支決算、役員人事、費用の分担などが列挙され、そのあとにその他必要な事項と書かれており、これらがみな過半数の出席そして過半数の議決でできると規定されています。ここに具体的に掲げられている事項は入会権を処分したり変更したりするものではないから多数決でよいけれども、このように入会地のような共有財産に重大な変更をもたらす行為は全員の賛成が必要とされています。だから、その『その他必要な事項』の中には入会地の売却や貸付は入らないのではありませんか」

「いえ、この『その他必要な事項』には共有地についても全部含まれます」

「仮にそうだとして、構成員の過半数の出席の総会で出席者の過半数ということになると、五〇％掛ける五〇％は二五％、つまり全員の三分の一にも満たない数の決定で入会地を売ったり貸付けたりすることができることになる。これは違法だと思いますが、どうですか」

「……」

実はこの証人甲氏は網野子の入会権者の一人であり、保氏とはごく近い親族関係にある人なのだ。甲氏の個人的見解はともかく町の施設担当の立場にあれば、思うとおりに答えられないのかもしれない。そう考えて、それ以上の追及をやめた。

このように、入会権についての裁判は親子兄弟やごく近い親族、あるいは隣同士が原告、被告となって争われることが少なくないのだ。朝、表の玄関を開けると向かいは訴訟の相手方、ということはいくらでもある。

後日記　　平成一八年五月

平成一六年二月二〇日、鹿児島地裁名瀬支部は、「被告瀬戸内町はごみ処理場施設を設置してはならない」と、保さんはじめ環境保全派勝利の判決を言渡した。私が嬉しかったのは、入会権者の過半数の出席で過半数の賛成では結局三分の一にも満たない数の賛成でしかなく、実質的に多数決ではないから入会地の貸付は無効である、という判示はもとより、全員の賛成についての懇切な説明があったことである。判決文中、かつて入会地の一部を道路として売ることについて総会で反対した者がいたけれども結局多数決で売却したから多数決がこの集落の慣習だ、という町の主張に対して、確かに総会は多数決であったが、その後役員が反対者を説得し、結局全員が賛成、少なくとも反対ではないという結果にもとづいて土地を売ったのであって、決して少数の反対意見を無視して売却を決定したのではない、つまり「結果として全員の同意を得て処分しているのだから、土地の処分を多数決でできる慣習はなく、本件土地の貸借契約は無効である」という立入った判断を裁判官がしてくれたことだ。

入会権についての判決はすぐれた判決が少なくないが、この判決は至れりつくせりの名判決である。しかも裁判所は判決文を要約、解説したビラを傍聴者に配布してくれた。網野子住民の熱意が裁判所に伝わったのであろう。

予想はされたが、瀬戸内町はこの判決を不満として控訴し、その取消を求めた。控訴裁判所は福岡高裁ではなく、その宮崎支部である。「高裁だから九州本土にあるのは当然だが、交通の便からいうと鹿児島でなければむしろ福岡本庁にしてもらいたいですね」とは義さんたちの弁だが、その支部で第一回の弁論が開かれた。はじめに裁判長が保さんら住民（被控訴人）の代理人である私に、「あなた方はごみ処理場がいらないと主張しているのですか」と尋ねるので、私は、「ごみ処理場がいらないと言ってはいません。このような風景絶佳なところにつくるのが不当だと言っているのです」と答え、早く控訴棄却の判決をされるよう主張した。

実は相手方が提出した控訴理由書を見て、いささか驚いた。噴飯ものというべきか、憤激すべきものか、判断に苦しまざるをえない理由（理屈）である。それは「全員一致制は封建的社会の部落の遺制である」というのである。そして、入会集落は本来封建的共同体で集団として統一性を有していたが、現在はその構成員も多様化し近代化しているので、総員一致制から多数決制に移行している、という主張である。

肝心の弁論はその後一回開かれただけ、翌一七年の一〇月に判決言渡しの予定と知らされた。ところが一〇月はおろか、年を越してもまだ判決は出ない。裁判所に問い合わせると、もう少し時間がかかりそうだとのこと。裁判官はよほど長文の判決でも書いているのであろうか。

そして半年後の四月二八日に判決が出た。何と原判決を取消す、というのである。判決文は全部で六万字に及ぶ長文であるが、ともかく多数決による土地の貸付や売却はできないという主張に対して、次のような理由で、多数決による処分は正しい、というのである。

「本件集落規約は、網野子総会において出席した本件集落民全員の同意をもって制定され、網野子総会を……本件集落の最高意思決定機関と定めたものである。（そうである）以上、定足数や決議数は格別、本件集落規約においてとくに明文をもって網野子総会の権限に属しないものとしてその権限から除外しない以上、本件基本財産の変更・処分を含めたすべての事項が、網野子総会の権限に属する事項と解するのが正当であり……本件集落規約が本件基本財産である本件集落山林の変更・処分を網野子総会の決定権限から除外する趣旨であると解することはできない」

しかもこの判決の裁判官は多数決こそ集団の意思を決定する最高の論理であると述べ、次のように言及している。

「ちなみに、国会の衆参両議院の場合は、いずれも定足数が三分の一以上、決議数が過半数と定められている〈憲法五六条〉から、被控訴人らの主張によれば、網野子総会以上に極端に不合理となろうが、この憲法の規定を不合理とする者はなかろう。無論、衆参両議院の場合も、反対が賛成を上回れば、当該議案が否決される道理であることは多言を要しない」

この裁判官、過半数以上の多数決が最高論理と考えているようであるが、誰でも知っているように、世界の最高意思機関でもある国際連合も、常任理事会における理事国の拒否権を認めており、このことは話し合いによる全員一致を求めているのであって、決して多数決が最高の論理ではないことを示すものである。この裁判官の理解でいくと、市町村有地（入会地）を議会の多数決で外国に軍事基地としてでも貸し付けることができることになる。このような頭脳の持主の裁判官に、国の安全を守るという意識があるのだろうか。

このような国の安全さえわきまえないような裁判官の判決によって保さんら環境保全派が負けたこと

になる。それではごみ処理場の工事は進行するのか。どうすればよいか。

思案しているうちに、環境を守る会の吉田豊二氏から連絡があった。「瀬戸内町はこのごみ処理場設置の予算を組むのを断念した」とのことである。裁判は負けた（ただし全敗ではない）が実際は勝った、ということになるのであろうか。裁判に訴えた、環境を守るという住民の意思が勝利したといってよいのではなかろうか。

平成二二年一〇月

追記

その後、平成二二年秋、この峠を越えたが、現地はもとどおりの雑木林地となっており、その中に「ごみ処理場反対」という立札がいささか薄汚れた姿で立っている。それは約一〇年前の姿そのままを示すもので、ここはいまも良好な環境が守られている。

平成一六年一二月

入会権者は男でも女でも世帯主　沖縄県国頭郡金武町

沖縄本島の中部、東海岸沿いに金武《きん》という町がある。背後は高からぬ丘陵地となっているが、全町面積三七・五七平方キロメートルのうち約三分の二がアメリカ軍の基地となっている。この土地一帯はかつて杣山《そまやま》と呼ばれて金武村の人々の入会地であった。

戦後、この土地がアメリカ軍によって接収され、キャンプ・ハンセン基地として戦争のまね事が行われている。金武町の中心地帯であるここ金武部落に、兵舎、ゲートが置かれたため、この金武部落が「基地の町」としてにぎわいを見せたこともあった。

この基地をめぐって金武部落内で紛争が生じ、最高裁判所で争われる裁判となった。基地をめぐる紛争といっても、いわゆる基地反対闘争ではなく、基地のため支払われる補償金の配分をめぐる紛争である。それも入会権者の地位について男女不平等の慣習の不当性を訴えた、女性たちの戦いとして注目された裁判である。

平成一六年一二月、私が金武を訪れたのは、この裁判の第二審判決が出されたあとだった。同じ金武町内のすぐ隣の並里《なみさと》部落で、やはり基地に対する補償金をめぐる訴訟について意見を求められたからである。こちらは行政的に分離させられた集落の人々の権利の存否であって、金武部落のような、女性だから問題にされるような事件ではなく、まだ第一審那覇地方裁判所で審理中である。その折、金武のこの訴訟当事者に会って話を聞く機会があった。

お会いしたのは仲間美智子さんら三、四名のご婦人方で、この裁判の当事者（原告、現在は上告人）二六名の代表者である。この人々は金武部落民会の会員（入会権者）の娘たちで、他部落出身の男性と結婚して金武部落内に一戸を構えた世帯の主婦たちである。だが金武部落民会の会員でも、会員の妻でもない。

金武部落の入会地である杣山に対する基地使用の対価として、毎年一定の補償金が防衛施設局から金武部落に支払われる。金武部落ではその受け皿として「金武部落民会」を組織し、一括して補償金を受領し、会の運営や公共的な費用に充当した残余金を、その会員に毎年配分している。ところが、その入会集団である部落民会の会員の資格は、「昭和二〇年三月当時杣山を利用していた集落の住民もしくはその男子孫で世帯の承継者および集落内に分家して一戸を構え加入を希望する者」となっている。この規約は昭和三一年に部落民会の前身「金武共有権者会」が設立されたときに定められたものであるが、当時金武部落がいわゆる〝基地の町〟として賑わい外来者が激増したので、権利者を昭和二〇年三月——沖縄戦の激しくなったころ——の住民に限定したのだという。そして昭和二四、五年ごろまでは基地内で薪取りなどをしていた。

いうまでもなく入会権者はその集落の住民でなければならないが、住民であれば誰でも入会権者になれるものではなく、独立した世帯を構え、住民として入会地に対するつとめを果たすものでなければならない。したがって、入会権者を従来からの入会権者もしくはその世帯の承継者とその分家で一戸を構えた者など、と限定するのはきわめて一般的である（この「分家」とは入会権者たる本家と同姓——氏を同じくする世帯である）。ところが金武部落民会では、その承継者または分家の当主が男でなければ会員としての資格を認めない、というのである。女分家が認められないのはともかく、現に入会権者たる会員であっても世帯の後継者たるべき息子がいなければ、現会員の死亡後その世帯は入会権者としての資格を失うことになる。子供が娘ばかりでは権利が認められないというのだから、不当というよりほかはない。

この規約の中で奇怪と思われたのは、「世帯主が死亡した場合、次の世帯主が決まるまでの間、亡くなった世帯主の配偶者に補償金半額相当を給付する」という規定の「次の世帯主が決まるまでの間」という条項である。これは、世帯主たる夫が亡くなり、その後継者となるべき息子（娘ではない）が成人して世帯主となるまで半額補償する、というのであるが、こんな不可解な規定はない。私たちの常識でいえば、世帯主である夫が死亡し、後継者（あとつぎ）として十分な成人の息子がいればともかく、その者がいわゆる出稼ぎ中で不在であったり、その子供がみな幼少の場合、その妻が世帯主となるのが当然ではないか。

同じ金武出身で家庭をもっていながら、男でないから、世帯主でないから、という理由で補償金の配当を受けないのは不平等で憲法に反すると、この二六名が金武部落民会を相手として、自分たちも部落民会の会員（すなわち入会権者）であることを認め、補償金配分額の過去一〇年分相当の金額を支払うよう訴えを提起したのであった。

第一審那覇地方裁判所は平成一五年一一月一九日、このような男女の性差によって会員の資格を認めないという規約は無効であると、この人々の主張をほぼ全面的に認めた。これに対して部落民会は控訴して、入会権は世帯に対して認められるもので、世帯主でない個人に認められるものではない、と主張した。福岡高裁那覇支部は平成一六年九月七日、部落民会の主張を認め、原判決を取消した。この人々は権利者として認められなかったのだが、それでは性による差別は正しいというのか。この人たちの不満はそこにある。当然、この判決を不当として最高裁判所に上告中である。

「男でも女でもこの金武出身の家の者であれば家族みんな補償金をもらえる、というのが本当ではないですか」とのご意見であるが、そうではない。この補償金というのは、いうまでもなく入会権に対する（入会地が使用できないことに対する）補償であって、入会権者というのは完全な個人ではなく世帯、正しくは世帯の代表者である世帯主である。そして入会権とは単に土地を利用するとか補償金を受けるだけの権利ではなく、入会地を管理し保護する義務を負うものであって、そのため草刈りとか山仕事など一世帯一人（原則として世帯主。しかし作業のできる者であれば誰でもよい）は出役しなければならない（いまはそれをすることができない）。このように入会権は、あくまでも世帯が単位なのである。

要はこの部落民会の規約、つまり入会慣習が、女性の世帯主を認めないことが不当、不合理なのである。この二六名もほとんどが世帯主の妻であるが、いまここにおられる一人は数年前に世帯主である夫が亡くなり、息子が内地の方で働いており、いずれ帰ってくるまで一人で生活している、とのことである。文字通り世帯主である。同様にこのような方がもう一名おられるとのこと。さらにこの裁判には加わっていないが、同様に夫を失った女性世帯主が二、三名おられるとのことである。

このとき、西南大の卒業生でこの近くに在勤の佐藤喜一郎君も来てくれていた。同君は沖縄在勤三年余りになるが、別に入会や基地などに関連のある職務ではない。しかし在学中、私と一緒に入会地の調査に行ったことがある。彼と一緒に話を聞き、今後の問題についても検討した。

話を聞き終わったあと、私たちはこの女性世帯主さんに、入会地の慣習といっても、女性の世帯主を認めないのは憲法違反だから、女性の世帯主四、五名で別に入会権者であることの確認を求める裁判を起こすことを提案した。ただ、いますぐ提起することは現在訴訟中の事件をかき回すことになるので、この最高裁判所の判決が出てからにしようということになった。

入会権者が、その後継者となる子がいなければともかく、娘だけだったら入会権者でなくなる、というのは不都合だ。娘がいないのならば婿をとって家を継がせればよいではないか。いわゆる婿養子（娘の夫が娘の父母と養子縁組する場合と、単に娘の家の氏を称する場合とがある）をすればよいはずである。ところが、この金武集落にはそのような「婿養子」という制度や慣習などない、というのである。

私は数年前、韓国のある大学教授から「日本の婿制度がうらやましい」と聞いたことがある。韓国では民法の規定により、家の承継は男に限られており、娘は全部他家に縁付かせ（嫁にやり）、息子がいない場合には同系の親族から男子を養子としなければならない。しかも同系八親等以内の親族間の婚姻は禁止されているから、娘の婿とすることもできない。したがって自分の本当の子を自分の家の後継者とすることができないのは残念だ、というのである。これは韓国が全くの男系家族社会であるからなのだが、それも最近は少しずつ改革が行われているという。それはともかく、この金武集落も全くよく似ている。

そのあと私は町役場を訪れ、この杣山について話を聞いた。アメリカ軍基地をめぐっての裁判の上告人代表の方から話を聞いた、と告げて、「補償金を女だからもらえないというのは不公平だ。男なら世帯を構えれば何もしなくても一年に五〇万の補償金がもらえる。だから働きもしないぐうたら息子が出てくる、ということだが」と尋ねると、「そういうことがなくもない。補償金の配分は良し悪しですな」という痛し痒しの態である。それも軍事基地があるためだが、「基地が返還されたら、杣山はどうなりますか」と尋ねると、「さあ、昔のように薪山としているわけではないし、木（琉球松）を植えるとしても多くは望めない……」と、これもまた、きわめてはっきりしない答えである。だが、それもこれもみな軍事基地の町であることの痛みというべきものであろう。

平成一八年八月

追記

平成一八年三月一七日、最高裁判所は一部上告棄却、一部破棄差戻しの判決を言渡した。要約すれば、入会権は集落の世帯主に限って認められるものであるから、世帯主でない上告人たちの権利は認められない、ただし世帯主が男性か女性かによって差別するのは憲法の理念に反し不当であり、このうちの二人は世帯主要件を充たしているので、権利者としての資格があるか審議をやりなおせ、というのである。

この事件は福岡高等裁判所に差戻され、部落民会から和解の申入れがあったため、二六人側も和解に応ずることにしたとのことである。

村からのたより　後日譚

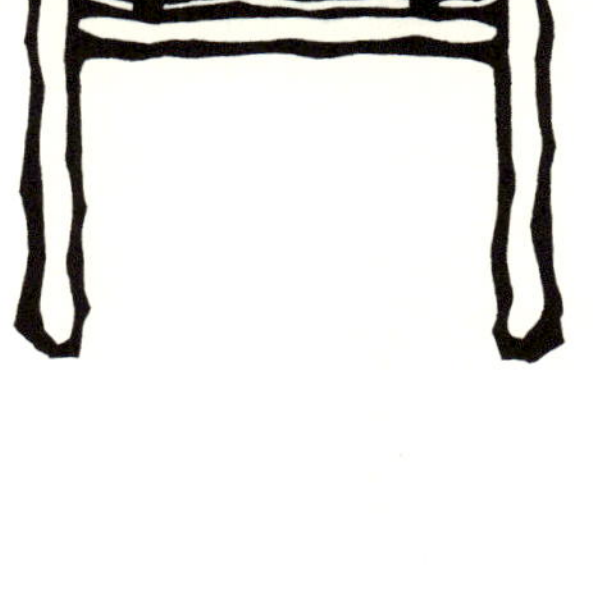

風力発電と保安林

福井県三方郡美浜町新庄

平成二一年一月

平成二〇年もあとわずかとなったころ、福井県美浜町新庄の森本辰三郎さんから、入会地について問題になっているので一度来て欲しい、という連絡があった。

美浜町は美浜原発で有名になったが、この町に私は約四〇年前に訪れたことがあり、森本さんとはそのとき以来の知己である。といっても、賀状のやりとりだけで会うことはほとんどなかった。当時、美浜町の新庄という集落の世話役で民俗学に造詣の深い小林一男氏に招かれて、この土地の入会地や両墓制についていろいろ話を伺ったことがあり、そのとき一緒に話し合ったのが若き森本辰三郎君であった(残念ながら小林一男氏は数年前、九〇歳を前に物故された)。ともかくもいろいろ問題がありそうなので、具体的な話を聞く必要があると思い、翌《あく》る一月の末に美浜町新庄に出かけることにした。

かの美浜原発は若狭《わかさ》湾に面した美浜町の最北端、ここ新庄は反対に最も南の、山に囲まれたところにある集落である。その山の峰は海抜約七〇〇－八〇〇メートルということであるが、いまこの峰に風力発電機約二五基の設置が計画されており、これをめぐって新庄の集落で問題となっているのである。

集落の代表者(新庄区長)はじめ一〇名ほどの人々が集まり、早速検討会が開かれた。かつての森本青年もいまは新庄の長老格である。集まった人々はみな風力発電の設置に反対ないし批判的であるが、風力発電の問題に私はいままで直接遭遇したことがないので、どう対応できるか自信がなかった。

まず風力発電機設置反対の理由として、予想される被害について久保哲夫氏が次のように説明してくれた。

「いま風力発電所は静岡県の伊豆や愛知県の豊橋の近くにつくられていて、私も行ってみましたが、地元の人たちは騒音に悩まされ、中には身体がしびれたりする人もいます。これを『風車病』といっていますが、ここでも風力発電がつくられれば、そういうことにならないとは言えません」

ここで風力発電機設置が予定されているのは、新庄の集落のほぼ東南、直線距離約三キロメートル、高さ約八〇〇メートルの山の尾根である。この尾根伝いに二五基の風力発電機がつくられ、当然それを結ぶ送電線が張られ、そのどこか一か所に集電して、それからは地下送電線で新庄の近くにある変電所に送電される、という構想である。山の峰にあるから、「風がよく吹き、住宅のないところだから風力発電には適地」と電力業者は言っているそうであるが、それだからといって近くの住民に被害がないという保証はない。しかし、被害は出てからあれこれ言っても遅く、被害の出ないように措置を講ずることが肝要である。

いま具体的な被害は予測し難いとしても、新庄の奥の山の峰に風力発電機が送電線でつながって二十数基も並ぶというのだから、「景色も悪くなるし、立木を伐採した上でするのだから土砂崩れのおそれがないとは言えない」との森本さんの言だが、この山一帯は水源涵養《かんよう》保安林なのだ。そしてこの保安林の指定を解除するのは農林水産大臣である。もとよりその指定、解除は特別な場合を除き森林所有者およびその森林につき登記した権利を有する者に通知しなければならない。保安林は水源涵養、風害、雪害、落石の危険防止などの目的で指定されるのであるから、その目的が達成されれば指定解除すべきものであるが、それ以外でも森林の開発、高度利用のために保安林解除の申請をすることができる。

昨年、町を通して業者による風力発電設置の説明会が開かれた。そのときのいきさつは、皆さんの話によると、新庄の人々（世帯）の半数近くが出席、業者が風力発電の説明をし、それには一部保安林の解除が必要で、そのための現地調査をしたいので了解して欲しいと要望した。具体的なことは十分に分からなかったけれども現地調査するだけならば格別問題はないだろうと考え、当時区長も設置に賛成の立場であったから、出席者の過半数で賛成、それにもとづいて区長は保安林解除に必要な措置を講ずる旨の文書を福井県知事宛に提出した。保安林解除は県知事を通じて申請する必要があるからで、いま県でこのことについて審議中であるという。

もとよりいまここに集まった方々は反対だった。久保氏たちは伊豆地方などに照会し、風力発電により予想される被害を知って、その反対の運動を始めた。昨年四月に区長ほか役員の任期交代があり、現区長は風力発電には反対であった。まず第一歩として保安林解除をやめさせることだが、解除のための調査はすでに区長名で承諾し、調査に入っているので、これは止められない。そこでまず、保安林解除申請の取下げをしなければならない。前区長が新庄代表として保安林解除に同意する旨の文書を出しているので、いまからどうするかが問題なのだ。

「同意書は新庄の全員の署名押印があったのか、それとも代表としての区長だけの署名押印だったのですか」と尋ねると、区長一名の署名押印だったという。

「区長が一旦承諾しているから、区長が替わったからといって反対の意見書を出すのは工合が悪いのですよ」

それはそうかもしれないが、問題は区長の代表権だ。

「この土地は誰の土地ですか」

「新庄区の共有地ですよ」

「土地の登記簿はどうなっていますか」

「正確には分からないが、確か二百何名かの共有となっていますよ」

この土地登記簿謄本を見ると、土地の所有権者は何と新庄住民約二四〇名となっている。この人々が現在全部新庄で生活しておられるのかどうかは分からないが、「正式に土地の借地契約を結ぶのであれば、この二百何十人の人たちから同意＝賛成することの署名印鑑をもらわなければならない、といえるでしょう」と私が言うと、皆さん安堵したような、同時にそれは大変だというように顔を見合わせるのだった。

話は少しそれるが、四〇年前ここを訪れたとき伺ったのは、広大な山林をいかに合理的に維持経営してゆくかということと、私たちの周囲にはない両墓制についてであった。両墓制はいまはなくなりかけ

美浜町宮代のサンマイ
（久保哲夫氏提供）

ているが、墓制について珍しい（といっては悪いかもしれないが）写真と解説を久保哲夫氏からいただいたので簡単に紹介しておきたい。

新庄区の北側にある宮代《みやしろ》という集落には、サンマイの狼ハジキというものがある。「埋葬した墓地の上に石を置き、その周囲に竹を削って籠状に結びつけるのです。埋葬後、七日間は毎朝夜明け前に詣るのですが、これは夜間に狼に掘り起こされていないかを確かめるためで、もし掘り起こされていたらその人はゴーニン（業人）つまり罪深い人だった、と言われる。身内にそのような者がいたら大変と、四十九日の忌み明けまでは七日ごとにサンマイに詣っていました。幸いこれまでゴーニンはいなかったようです」。それは甚だ結構なことだ。だが、このサンマイは昭和五〇年代から見られなくなったとのことである。いまはかつての詣り墓であったお寺の墓地に埋葬するようになったからであろう。

志賀高原の秋

長野県下高井郡山ノ内町　　平成二二年一〇月

平成二二年秋たけなわの一〇月、長野県志賀高原のある山ノ内町の「和合会」を一五年ぶりに訪れた。その日も暮れたころ、長野駅から電車で終点湯田中駅で下車。そこから車で、前回泊まった「くつの館」（もとより和風旅館）前に停まると、その玄関、門構えは以前と全く変わっていない。そして旅館主佐藤正樹氏ご夫妻も全く変わっていない。この館主佐藤正樹氏は前回訪れたときは和合会の事務局長だったが、いまは志賀高原リゾート地の管理責任者（和合会とは別個独立したリゾート株式会社代表取締役）となっておられる。もとより久方ぶりに入った温泉もそのまま変わっていなかった。

「くつの館」館主佐藤正樹氏（左）と筆者

　くつの館、沓野《くつの》温泉の名のように、ここは明治初年、下高井郡沓野村であったが、明治初年に湯田中村と合併して平穏《ひらお》村となった。沓野村は志賀高原を含む山林原野のほか泉源地も所有しており、これが沓野村住民の共有入会地で、平穏村と合併しても変わりなかったが、大正期にいわゆる部落有財産として村に統一される（取上げられる）おそれがあった。それを避け、沓野住民共同所有財産として維持したい、という気持ちが強く、当時の沓野集落の人々の尽力により、その土地財産をもって「財団法人和合会」の設立が昭和二年に許可された。大正期から昭和初期にかけて全国的に多くのいわゆる部落有地が市町村有地に統一された（取上げられた）中で、このように法人を組織することによって部落有入会財産を守ったという例はきわめて少ない。いうまでもないが、当時は財団法人でも社団法人でもすべて公益目的でなければ設立が許可されなかったのである。もとより和合会の定款には山林原野の林業経営、温泉開発の事業推進、それによる収益をもって地域の発展に供すると明記されている。

このように和合会の実体は沓野集落入会集団であって、その構成員つまり入会権者が約四五〇人、その主たる財産が志賀高原一帯の山林原野と沓野集落内の泉源地を含む住宅地である。このうち泉源地を含む宅地は入会権者である住民に割地貸付利用されており、そのほとんどすべてが旅館業者である。前回来たとき、泉源地について紛争があり、それについて意見を求められた。その紛争は間もなく解決した。

ここ沓野は近代的な温泉地として発展しながら、一面では伝統的習俗である年齢集団「十二講」がある。十二講というのは十二支にちなんだ同年生まれの男子の仲間組織で、小学校を卒業して講入りし、そのつながりは終生続く。かつては山仕事などをしていたが、いまは年に一度は集まって盃を汲みかわし親交を温めている。ところが残念なことに、この十二講はいま五〇歳以上の者ばかりで、四〇歳代の若い層は途絶えている。これはいま、小学校、中学校、高校を卒業すると都会で就職する者が多いためだ。しかし最近、若い人たちの間で十二講復活(?)の声が挙がっているとのこと。古き良きものはぜひ残して欲しい。

翌日、佐藤氏の案内で、これまで行くことがなかった志賀高原に登る。その登り口といえるところにある、ここの鎮守様天川神社にお詣りする。もと諏訪神社といい、藩主の崇敬が篤かったとのことである。

志賀高原のロープウェイ

海抜一五〇〇メートルの高原の秋はきわめて爽快だ。周囲の斜面がスキー場であろう。いくつかのリフトがみな稼働している。もとよりいまの時期にこれに乗る客はいない。それでも稼働しなければならないのだろうか。斜面の中央、車を降りたところに、いくつかのホテル、休憩所がある。これらの経営者はすべて和合会員つまり入会権者である。

冬はスキー場、夏はキャンプ場、いまは秋閑(?)期である。それでも三々五々、観光客の姿が見える。それも中年以上の、夫婦連れが少なくないようである。今日は平日だから若い者の姿が見えないのは当然であろうが……。

「スキー客やキャンプ客、とくにスキー客は若い人だが、最近若い人の客が少ないのですよ。そして泊まり客が少ない」

とは佐藤氏の言である。

「泊まり客が少なくなったのは、東京あたりとの交通の便がよくなったので日帰りするようになったからではないですか」と私が尋ねると、

「いや、全体として若い人が少ないのですよ。仕事が忙しくて休暇がとれないためか、それとも職さがしに忙しいのか。いまの時期、こうして中高年のお客さんが来ているけれども、ほとんどが日帰り客で、ここに泊まる客は少ない。何とかしなければと思っています」

九州在住の私は積雪の原を見たこともほとんどなく、スキーをしたこともない。また、したいとも思わない（思ってもできないのが本音）。しかし健全なスポーツを楽しむため、ここに多くのスキー客に来てもらいたいと思う。それがこの和合会が所有する入会林野の活用にほかならないのだから。

残る一人の入会権は消されるか　山梨県南都留郡山中湖村平野　平成一七年一一月

山梨県富士山北麓の山中湖村には、二〇年前に入会地の問題で訪れてから、長老高村不二義氏や恩賜《おんし》林《りん》組合の磯村洋之氏ほかの方々をたずねて何回か来たことがある。富士山北麓一帯の壮大な山林原野には国有・県有・町村組合有・村有・住民共有そして個人有があり、個人有林を除けば入会権の問題が関

わってくる。

今回訪れたのは山中湖の東にある平野集落の天野惣吉氏からのお誘い兼依頼からであった。平野集落の山中湖畔の土地（原野）一帯は現在山中湖村有となっており、その山中湖村が「山中湖村総合湖畔緑地公園」を建設中である。このうち南の方にはすでに施設らしきものの工事が進行中である。

この土地はもともと平野集落住民共有の入会地で、北の部分は割地として利用され、天野氏が養魚場を経営しているほか、一〇余名の者が駐車場などに使用していた。山中湖村はこれらの人々に土地の明渡しを請求したが、天野氏が応じないので、明渡し請求の訴えを提起。第一審甲府地裁では村の要求を認めたため、いま天野氏が控訴中とのことである。

戦前、平野の人々にとっては荷駄稼ぎ、つまり馬による運送が重要な生業《なりわい》だったので、この土地が秣《ま》草《ぐさ》の生産地とされたほか、大豆、馬鈴薯などの栽培が行われていた。大正末期に電力会社が山中湖畔に発電所用の水門を設け、発電用水量確保に必要な貯水、湛水のためにこの入会地の買受けを申入れた。夏時期に湛水利用すればよく、それ以外の時期に従前通りの利用が可能であったから平野集落の人々はこの土地を売却したが、その後もほぼ従来どおりの利用を続けていた。戦時中は食糧確保のため土地のほぼ北半分は、そば・馬鈴薯などの作付地として個人の割地利用が行われ、南半分は秣草採草地として共同利用が行われていた。

このような事情は戦後しばらく変わりなかったが、昭和二二年に土地所有者である電力会社は平野集落との間に土地使用貸付契約を締結した（これは未墾地買収を避けるための一種のごまかし手段で、本来平野集落の入会地であるから、このような契約を結ぶ必要はなかったのである）。

平成一〇年代に入ると共同利用地はほとんど使用されなくなり、割地の方も天野氏が養魚地として使用しているほか、十数名が物置場あるいは駐車場として使用する程度となった。そして平成一三年に土地所有者である電力会社は平野集落との土地使用貸借契約を解除、その後、この土地を山中湖村へ売却した。

この湖畔の土地を取得した山中湖村は早速、湖畔緑地公園建設を計画し、実施工事に取りかかり、割地利用者である天野氏のほか一〇余名に対し、土地の明渡しを求めた。ただ物置や駐車場の継続使用希望者には短期間の土地使用契約を締結させた。天野氏は、養魚場としての利用は入会権にもとづく割地利用であると主張し、この要求を拒否したので、村から明渡し請求の訴えを起こされた、という次第である。

第一審甲府地裁判決は平成一五年一一月二五日、大正から昭和にかけ電力会社所有地であったときの入会利用には全くふれず、昭和二二年の電力会社との土地使用契約によって土地使用権が認められたもので、その後、平成一三年の契約解除により天野氏の土地利用権も消滅した、と判示している。

この判決は、現在平野部落の入会権の行使を管理統制している平野入会組合の組合長が自ら、本件土地は同組合が権利行使している入会地ではない旨述べていることも、入会権の消滅を裏付けるものだと言っているが、全く矛盾しているといわざるをえない。入会権の行使を管理統制していた（元）組合長が、ではなく、（現在）組合長が入会権の行使を管理している、というのであるから、当然入会権は存在するはずである。

これについて天野氏も、「入会権者の大多数の者が入会権の消滅をいうならともかく、組合長が入会権でない、というだけで入会権が消滅すると認められるのですかね」と、疑念をぶちまけられる。そのとおりだ。

ところで、一人を除く全員が入会権は消滅した、という場合、入会権は消滅するのだろうか。入会地を住民が共有する共有入会権の場合、一人を除く全員が入会権は解体（この場合は消滅しない）したといっても、その一人の権利は共有持分権となるだけで、権利を失うことはない。だが、ここのように土地を所有しない入会権の場合、一人以外の皆が、入会権は消滅したという場合、どうなるのか。入会権は消滅しても、この場合、天野さんの土地使用権は個人的な（土地所有者に対する）権利として当然、保証されるべきであろう。

控訴審では、この養魚場が借地契約にもとづくものでなく入会地の割地利用であることを主張したが、東京高等裁判所は平成一七年一一月三〇日、この土地について各個人ごとに使用を認めたときに入会権は消滅した、という意味不明の判決をした。

その後、天野氏に対して村から非公式に、この土地の部分を買取らないか、という話があったとのことである。

湯の町を汚さぬように　兵庫県美方郡新温泉町

平成一八年一二月

兵庫県温泉町（現在は新温泉町）といわれても、温泉のある町であろうと想像はつくものの、それがどこか分からない人が多いと思われる。もとより関西近辺の人々や旅通の人々なら県北の湯村温泉と知っているだろうが、それ以外の人々でも、かの吉永小百合演ずるドラマ「夢千代日記」の舞台と聞けば納得するであろう。

ここ温泉町には昭和五四年、西南学院大学教授としてゼミナールの学生諸君と、大阪大学や早稲田大学などの学生との合同法社会学インターゼミナールに参加した。当時の印象として記憶に残っているのは、但馬《たじま》牛飼養の本場である丹土《たんど》地区の入会地と、地名のもととなっている「湯」温泉が財産区有財産となっていることであった。

この湯村温泉はもともと「湯」という村持の温泉で、その「湯村」が明治中期、春来村と合併して温泉村となり、温泉町を経て最近、山陰線の駅がある浜坂町と合併して新温泉町となった。いま形式上、財産区有となっているが、実体は「村持共有」の温泉で、そこからの出で湯は旅館だけでなく、個人の家庭にも配湯されている。

奥の山に産廃処理場建設予定地がある

この新温泉町で、ある旧村持の入会地が住民共有か財産区有かが争われ、最終的に住民共有と決定した判決があった。この裁判の原告は財産区管理者である町長、相手方である被告は産廃業者である。おそらく産廃処理場設置の是非にかかわる裁判だと思われた。そのいきさつを聞きたいと思い、平成一八年一二月に、この新温泉町を訪ねた。

まず、新温泉町役場で担当の寺谷清美さんから話を聞く。裁判のあったところは南の山奥に近い越坂《おっさか》という集落で、県内の土地開発業者がこの集落の「村共有地」（土地台帳名義）について産廃処理場とする目的で買受けを申し入れてきた。話合いの上、この「村共有地」のうち約八ヘクタールを業者に売却することになり、集落代表と業者との間で所有権移転登記の調停を成立させ、業者は所有権移転登記した。これに対し温泉町内の住民から反対の申し出があり、町長はこれを受け、旧越坂村の「村共有地」は越坂「財産区」有の土地で、管理者である町長の承認のない土地売買は無効であると主張する訴えを提起した。神戸地裁豊岡支部平成六年八月八日判決は町長の主張を認めたが、業者は控訴して、この土地に「財産区」という管理機関はなく、また本件土地には固定資産税が賦課されていたから住民共有地であって財産区有ではないと主張。第二審大阪高等裁判所平成九年八月二八日判決は業者側の主張を全面的に認めた。

この裁判について私が、「町長が裁判を提起したのは単に財産区有財産を守る、ということのためではないでしょう」と尋ねると、寺谷さんは、「この越坂というところにごみ処理場ができると、そこから流れる岸田川という川の水が汚染され、下流に住む人々の生活に支障を来す、という理由で、とくに下流地域の人々や漁業関係者からごみ処理場反対の運動が起こりました。そして平成五年八月には町民約二〇〇〇人から町長に設置反対陳情があり、それを受けて町長の名で訴訟を提起されたのです」と説明された。つまり、この裁判は実質において、環境保全を訴える町民と産廃業者との間の紛争であったといえるだろう。この裁判は最高裁判所で上告棄却されて確定した（平成一二年七月一一日）。これに対して、環境保全を訴える人たちは、この判決の結果に危機感を募らせ、町議会に働きかけ、産廃処理施設に住民の意思を問う住民投票条例を可決させた（平成一二年九月二五日）。しかし幸か不幸か、まだこの住民投票が行われたことはない、とのことである。

寺谷さんの案内で現地を訪れる。役場のある湯地区から国道九号線に入り、約八キロメートルほど岸田川沿いに遡る。清流、これを守るための裁判だった。

国道から分かれて二キロメートルほど入った、川の流れもほぼ尽きるという地点に、越坂という集落はある。海抜約三五〇メートルほどの地点で田畑少なく、背後の峰は鳥取県境だそうである。「以前は二〇戸ほどあったのですが、いまは八世帯しかなく、ほとんど高齢者世帯です」とのこと。人影は見えない。初冬の候、ここの「高齢者」の人々は家の中で何を考えておられるのだろうか。問題となっている処理場予定地はこの集落からさらに四キロメートルほどの山奥で、そこにも案内していただいたが、いま全くの原野状態。雑木雑草のほか何もなく、人工が加わった形跡は全くない。

「業者の方は裁判で勝ったけれども、湯の町を汚さずにきれいにしていこうという意見が強い中で、下流に被害を及ぼすような施設をつくることは難しいため、目下思案中というところではないでしょうか」というのが寺谷さんの御意見である。速断はできないが、環境を守る運動が裁判上の結果はともかく実質的には勝った、といってよいのではないだろうか。
越坂の人たちから詳しい話は聞けなかったが、この裁判の実質が環境保持にあったことが分かった。あと、できれば、この裁判の支持者（言葉は悪いが仕掛け人）の方から話を聞きたい。

その日はひとまずこれまでとして、夕やみせまる湯村温泉に戻り、温泉街の中心にある「夢千代の像」の前で寺谷さんにあつく礼を述べて別れた。

夢千代像の前にて

この夢千代像、それほど大きくない、しなやかな美人芸者風の立像である。本物（テレビの中で）の夢千代はもとより美人であるが、胎内被爆者で三年の余命を宣告されているため、陰がある。そこが夢・千代である所以であろうが、それではいま別れた、夢でない健康そのものの美人は何千代と呼んだらよいのだろう。

きれいな水を守るための裁判だった

広島県芦品郡新市町（現福山市）　平成二三年八月

昭和の終わりから平成初期にかけ、入会地上のゴルフ場設置についての判決が多く、私の知る限りでも一〇件ほどある。

これは組持共有入会地について、入会権利者多数の同意により土地を使用する権利を得たとしてゴルフ場建設（工事）に着手する業者に対し、少数の入会権者が、水質汚染のおそれがあることなどを理由に、入会権を根拠として工事差止めや土地の明渡しを求めて訴えを提起したものであるが、その判決のほとんどは、少数反対派入会権者の敗訴。裁判官はよほどゴルフがお好きなのだろうと疑いたくなるような判決が多い。

だが一つ問題がある。これらの判決はすべて訴えの提起から判決（第一審）言渡しまで少なくとも三年、事件によっては五年以上要している。業者がゴルフ場設置工事に取りかかろうとするので、反対派の人々が反対や明渡しの訴訟を提起しても、審理に二、三年かかり、判決を言渡すときにはすでにゴルフ場が完成していた、という例がほとんどである。そうであれば裁判官もゴルフ場の全面撤去明渡しを認めることは難しい。ということでゴルフ場設置を認め、反対者が敗訴するという事例が多いのであろうと思われる。

広島県芦品郡新市町（現福山市新市町）戸手《とで》のゴルフ場の裁判もその適例で、訴訟提起の約三年後、一審判決言渡しがあった平成六年六月、すでにゴルフ場は完成していた。この地区の公害対策委員長で訴訟の支援者であった森川輝男氏から話を聞かされ、「何のための裁判か、と言いたくなる」ということばが強く記憶に残っている。森川氏は製糸業を営んでおられるが、戸手集落の住民でないため入会権訴訟の原告となることができず、人一倍歯がゆい思いをしておられたようだ。入会地のゴルフ場造成によって流水が汚染されれば家業にも支障を来す。決して他人事ではなかったのだ。

この訴訟は控訴審でも同様の結果であった。その後、同氏と私との音信はしばらく続いたが、格別紛争になるようなことはなかったようである。ただ、ここ数年、音信が途絶えているので、ゴルフ場の現状を拝見かたがたお会いしたいと思って出かけた。

新市町へは東からも西からも山陽線で福山駅下車、乗換えて北に向かって福塩《ふくえん》線電車で新市まで行くのである。

ここで少し横道に入らせてもらう。横道というより真っ直ぐかもしれない。それは福山駅の東から西へ、山陽線の線路を真っ直ぐ歩いたときの強烈な思い出である。

昭和二〇年八月八日、当時私は四国小豆島で特殊潜航艇艇長要員として訓練を受けていたが、輸送船の配船を受けるようにとの命令（を受けたのは艇長であるI中尉で、少尉候補生である私は艇長付として同道）により、大阪警備府、呉鎮守府を訪問陳情した。大阪を七日夜出発した広島行き列車は、八日明け方、福山駅の手前大門駅でストップした。前夜福山市が空襲でやられたからで、これから少なくとも福山駅の次の備後赤坂駅まで約一三キロメートルは運転不能。ただし午後にはこのままの状態なら回復開通の見込みありと。だが、私たちはそれまで待っておられない。正規の軍帽に褐青色（白でなく）の軍装に短剣一本、左手に鞄だけの軽装だ。I中尉と並んで線路上を歩く。左手市街（当時福山市街は山陽線路の南側だった）の戦災のあとを見て（それまで戦災跡地を見たことがなかった）、その悲惨さが目に焼きつき、照りつける暑さも全く苦にならなかった。

福塩線電車新市駅下車、新市町役場であった福山市役所新市支所を訪れる。土地関係の担当部門と思われる産業管理課で、戸手ゴルフ場の件について尋ねたいと言うと、中年の係長が応対してくれた。このゴルフ場をめぐって一〇年ほど前に裁判があったことは聞いている、いまもゴルフ場として運営されているようで、格別に問題はない、という。言っては悪いが、きわめてありきたりの、そっけない回答である。が、この担当者が悪い、というのではない。

一〇年以上前のことである。当時の担当者でもなく、その集落の近くに近住する者でない限り、まして市役所本庁などから転勤してきた者であれば知らないのは当然であろう。だが、これが市役所でなく町村役場ではそうではなかった。職員の中に、現在の担当部署にかかわりなく、一〇年、二〇年昔のことでも地元であった事件、事実などをよく知っている（概ね中年以上の）職員がいて、私のような外来者に話をしてくれたものである。だが、いまの行政組織ではそれが難しい。

そこで森川氏宅を訪ねた。残念なことに前年物故されたとのことで、訴訟の原告代表であった田上泰造氏方を訪ねた。こちらも製糸業を営んでおられるが、同氏も亡くなられたとのこと。だが幸いなこと（この言葉が適切かどうかは措いて）に御子息の奥さん田上千富さんに話を聞くことができた。

「ゴルフ場ができて一番心配だったのは水（流水）ですよ。裁判の仲間で熱心な方が、ゴルフ場ができてから毎年、流水の汚れ具合を検査されていました。その結果によると、ここ二、三年は全然汚染されていない、ということです。私もそれを確かめました。私たちが反対の主張をした甲斐があったと思います」

それはよかった。

「ゴルフ場はいまでも続いているのですか」

「続いています。でも、ゴルフ場建設をめぐって戸手集落が二派に分かれていたのが、最近仲直りしましたよ」

ゴルフ場設置に限らず、入会地の開発利用について集落の中で意見が分かれ（通常多数の賛成派と少数の反対派）、裁判になると、親兄弟でも敵味方となることがある。双方合意による和解でもしない限り、判決が確定しても（双方満足する判決は稀である）、双方の対立感情はなかなか解けにくい。お互いが身内、それに近い〝なかま〟であるだけに、ひとたび対立すると感情的になかなか和解、仲直りし難いものである。それがここでは、判決確定の数年後であるが、両派に分かれた集落の人々が仲直りした。

ゴルフ場はできたが水が汚染されていない。これは賛成派の人々にとって有難いことで、この点、水の汚染を強く訴えた反対派の人々に感謝してよいことであり、また反対派の人々にも水の汚染その他でゴルフ場からの被害がない以上、格別反対することはない、という事情（推測もあるが）で集落の人々が和解、仲直りしたということは、集落の平和がよみがえったということであり、まことにめでたいことである。

流水が汚れずにすんだ、ということで集落の人々の対立が解けた。だから「何のための裁判だったのか」といわれたこの裁判も「きれいな水を守るための裁判」だったといえるのではないだろうか。

青春のふるさとの地の夢をこわすな

香川県小豆郡内海町神懸（現小豆島町）　平成二〇年六月

瀬戸内海の東部に浮かぶ風光明媚な小豆島。六〇余年前、ここで終戦を迎えた当時特殊潜航艇の艇長要員であった私たちは、その四〇年後の昭和六〇年九月、戦後初めて相会した。その後、毎年一回、ここ（いま内海町）に集まり、平和とお互いの健康を祝い旧交をあたためている。

「貴様と俺」という昔の仲間の呼び名はいまもそのままだが、第一回の集まりであった二〇年前は三〇人も集まったのに、今年は一〇名足らず、年々集まる数が少なくなってゆくのは仕方がない。もとより物故者もいるが、まだ八〇歳代の旧壮年は各地に健在……といいたいが、意気盛んであっても遠出の旅に自信のない者が少なくないのだろう。

内海町の溜池（山西克明氏提供）

私たちの集いの場所は、最初は特殊潜航艇基地のあった内海湾内の海岸近くであったが、数年前から基地本部（現小豆島高校の校舎）に近く、船着場から景勝寒霞渓《かんかけい》に通ずる神懸通《かんかけどおり》に面した高橋旅館となった。ついでながらこの集いは当初、私たちが終戦によりこの基地を去った九月はじめであったが、寄る年波のため暑さを避けて毎年五月末ということになった（ちなみに五月二七日は日本海海戦の勝利を祝した海軍記念日であった）。

平成二〇年五月二八日朝、互いに明年の再会を約していると、旅館の女将が、私に会いたいという人が訪ねてきている、と言う。この旅館のすぐ近く、神懸通に面した丸島醤油株式会社——ここ小豆島は醤油とオリーブの名産地である——前社長山西克明氏で、女将が弁護士（私）が来ていると話したらしく、相談したいことがある、とのことである。

この神懸通を三キロほど上ってゆくと、その谷合が景勝寒霞渓で、その中途、ここから五〇〇－六〇〇メートル上に約三〇〇〇〇平方メートル余の落合池という溜池がある。長さ五〇メートルほどの堰堤で守られており、この谷合を流れる別当川下の農地の灌漑用と砂防用のダムとなっている。

「このダムはひび割れ、水もれがあって、以前から県に改修をお願いしていたのですが、一向にとりあってくれませんでした。それが三年前になって突如として大型ダム建設計画を発表し、早速事業に取りかかったのです。

県と町では住民の八割の賛成を得た、と言って、いまの内海ダムの七倍強の一〇六トンの計画です。これではいまの内海ダムは呑まれ、周囲の山林、田畑が水没し、人家に危険を及ぼすだけでなく、寒霞渓の風景が台なしになります」

そこで、山西氏と現内海ダムを訪れる。春の寒霞渓も美しい。何やら工事のための基地造成が行われているが、ともかくこの溜池を囲む寒霞渓入口の風光が味気ないダムとなれば、この美しさは奪われてしまう。

水没が予定されている土地の事情を丸島醤油の事務所で聞いた。

まず、いまの溜池周辺の土地は、水田、山林など大部分が個人から小豆島町へ、そして国に売却されているとのこと。

「中にはダム賛成派の者も少なくないし、自分の雑木林や耕作に見切りをつけて田を売る人たちがおりますが、それを止めるのは難しい」

肝心の溜池も国に売却されたとのことだが、この溜池はもともと「落合池水掛」（土地台帳の記載。実質、落合池水利組合）の所有であったが、ダム設置のため、最近ポツダム政令を理由に草壁町（当時）有とされ、県有、そして現在、国有となっている。

とんでもない話である。ポツダム政令とは、日本国憲法制定前（昭和二一年）、戦時中につくられた「町内会」「部落会」の解散命令で、その所有財産はすべて市町村有とする、という内容のものである。

この水利組合は少なくとも明治期から存在しており、戦時中つくられたものでなく、この政令とは全く関係がない。六〇年前にすでに効力を失った命令らしきものをもって住民の財産たる溜池を横領するとは、もってのほかだ。そうである以上、直ちに水利組合員が小豆島町と国とを相手として、この溜池が水利組合（落合池水掛）全員の所有（共有）であることを認めさせる訴えを提起すればよいのである。

いま山西氏たちが委任している弁護士（団）は、山西氏ほか住民一〇余名を原告としてダム工事差止め、国、県、町などを相手に落合池の所有権登記の抹消請求の訴えを高松地裁に提起しているが、抹消登記の請求はともかく、まず、この水利組合全員が溜池の所有（共有）権者であることの確認を求めることが必要と思われる。

この旨を山西氏に話し、後日、同氏が担当弁護士に伝えたところ、返事は、

「水利組合の中にはダム賛成の人もいるし、水田所有者でも耕作していない者もいて、組合員は誰々かが明らかでないから、全員で裁判を提起することはできない」

ということのようであった。

水利組合員とは、冠水田の所有者であるからすぐ分かることであるし、その中で、ダム賛成者や裁判に参加しない人たちを町や国と一緒に被告（相手方）として、反対派の人たちが溜池所有権の確認を求めればよいのである。誰が組合員か分からないから、賛成者がいるから、一部の者で裁判を提起するしかないというのは間違いである。

だが、現在進行中の裁判に第三者がとやかく言うのは若干はばかられるので、このことを山西氏に話して、担当弁護士に伝えてもらっているが、目下のところ反応がない。

ともかくも、この美しい寒霞渓は私たちの青春時代（終戦時、二〇歳過ぎたばかりの若者だった）のふるさとである。私たちはただじっと、その経過を見てゆくしかないのであろうか。

「こんにちは」と思いやり　佐賀県小城郡小城町（現小城市）　平成二三年七月

佐賀県小城町（現小城市）の北部に連なる筑紫山系を分け入ったところ、石体《しゃくたい》という集落で四〇年ほど前に共有入会地をめぐって裁判があった。この裁判で私は鑑定人を命ぜられ、佐賀地方裁判所で証言した。私にとって初めての証言であったし、幸い私の証言は判決上承認されたので、きわめて印象が深い。

この小城という町は旧佐賀藩の支藩小城藩七万石の城下町（城址はない）であった。この石高は全国大名の六〇番目あたりだそうであるから、その辺の小大名に比べればはるかに大きい中大名ともいえる。その小城藩の史蹟を訪ねるとともに、かつて入会訴訟のあった石体一帯が現在どのような状態かも知りたく、七月の暑い日、小城へと出かけた。

小城町市街の南の玄関口小城駅で下車。現地再訪といっても四〇年近く前のこと、突然行っても分かるはずはない。まず現地を含むその地域一帯の事情を知りたいと思い、小城市街のほぼ中心にある市役所（旧小城町役場）を訪ねた。

受付で「山林の件について伺いたい」と言うと、「農林関係はここ本庁ではなく、芦刈支所で取扱っております」とのこと。私は、そうか、と思うと同時に、全く意外な気がした。最近の大型市町村合併では、中心となる市街地の町役場が市役所の本庁となり、各部門、とくに農林関係の担当部課は周辺の旧町村役場であった支庁に置かれることが少なくない。それはそれなりに納得できるのだが、〝意外な〟と思ったのは、市役所芦刈支庁つまり合併前の芦刈村役場は、というより旧芦刈村は、現小城市の南側、有明海に面した（鉄道長崎線の線路の南側）農漁村で、珍魚「むつごろう」で有名であるが、山林は全くない。現小城市内の山林のほとんどが北部の旧小城町内にある。農林業行政ということで芦刈支所に担当部課が置かれたのであろうが、農はともかく林政部課が山林が全くなく、しかも距離的にもっとも遠い所に所在する庁舎に置かれるのは、もとをいえばあまり合理的ではない最近の市町村合併のひずみのように思われる。

今日すぐ現地集落に行けるでなし、ここで小城藩城下町の事情を知りたいと思い、市役所から歩いてすぐ南の小城公園へと向かった。この公園は小城藩祖がつくった庭園で、木立の中に入ってゆくと、園内は一面芝生におおわれ築山と池とがほどよく調和されている。

頃は夏の日の昼下がり、少しばかり暑さを感ずる中、庭園内、木陰の道を独り歩いてゆくが、行き交う人は全くない。……と思っていると向こうから一人歩いてきた高校生と思われる娘さんが私に「こんにちは」と声をかけてきた。私も「こんにちは」。その瞬間、嬉しくなった。相手は見ず知らずの若い娘。こちらは老体（といわざるをえないだろう）。若い娘から声をかけられたから嬉しいというのではなく、いわば行きずりの者にもあいさつする、声をかける、というその心が嬉しいのだ。

その瞬間、数年前に群馬県やんばダムの現地を訪れたときのことを思い出した。当時まだ政府の〝見直し〟がかかる前で、工事の進捗状況を尋ねようとダム工事事務所に向かう途中のこと、夕方のまだ陽のある時刻、下校する高校生の群れと出会った。三々五々、仲間連れで歩いてくるが、どうもその服装、風体にしまりがなく、だらしなく見える。これがいまの若者一般の風体か、といささか情けなく思っていると、行きずりの私に「こんにちは」。それも一人や二人だけではない。行き交うグループごとに「こんにちは」。そこで彼らに対する見方が変わった。

行きずりの人にも「こんにちは」とあいさつする「仲間意識」そして節度、この日本社会を支えてきた文化、慣習が若い人々に受け継がれている、と感じたからだ。

それこれ思い出ともども明るい気持ちで公園の中、木陰の道をしばらく行くと、右側の丘に藩祖を祀る岡山神社が鎮座する。ただ参拝路がこれから向かおうとする小城駅の方向とは反対の方向になるので、行き道を確認しようと思って、たまたま通りかかった中年のご婦人に道を尋ねた。「そこの道を左に真っ直ぐ行き、大通りに出たところを右に曲がればすぐ近くですよ」とのこと。思っていたとおりだ。お礼を言って石段を登り神社に参拝。再び先ほどの地点に戻って道を左に折れてゆく途中、桜城館という歴史資料館で資料をもらって少しばかり行くと大通りに出る。右折すれば正面に小城駅が見える。もうすぐだ、と思いながら歩道を歩いていると、眼前に車が止まった。歩道の上、しかも人が歩いている直前に駐停車するとは失礼な、と思ったら、車から女の人が降りてきた。見たことのあるような……と思ったら、何と先ほど私が道を訪ねたご婦人だった。

「さっきは失礼しました。駅まですぐそこですよ、と言いましたが、まだ少しあるので車でご案内します。さあどうぞ、この車に乗って下さい」

私、絶句。何という親切。

実は私、右ひざが悪く(一種の老人病)、神社の石段や駅の階段を上り下りするときはどうしても杖が必要なので、このときも杖を持っていた。杖をついていた白髪の老体に一キロメートルほどある駅までの道を「すぐそこですよ」と言ったのが気になったのかもしれない。しかし、そのときはその人も車でなく、お互いに道行きずりの人だった。だからといって、「すぐそこ」と言ったのが気になって車で私を捜したのではない。またそのときから二、三〇分経っており、私が何時ごろこの大通りに現れるかも分かっていたわけではない。自宅がこの近くか、たまたまここを通りかかったのかは分からないが、行きずりの老体を再び見かけて、「失礼だった、至らなかった」というこの気持ち。感謝のことばが容易に出てこない。

「有難うございます。駅もそこに見えているので、このとおり（杖を横にして）歩いていきます」と言うのがやっとだった。

市町村合併に伴う行政の不自然さもあって、まだ入会地のその後は分からないけれども、町の人々に残る〝なかま意識〟そして思いやりを身をもって感じ（させられ）た一日であった。

平成二二年九月

ダムはむだであった　熊本県球磨郡五木村

熊本県の五木村といえば、かの民謡「五木の子守歌」の里として知られていたが、最近はダムで揺れる村として有名になった。川辺川ダムと呼ばれているこのダムは、人吉市から球磨《くま》川の支流川辺川を遡り、相良《さがら》村と五木村の境界地点にダム本体が建設され、それによって約八キロメートル上流にある五木村の中心部頭地《とうじ》集落まで水没するという計画であった。その是非をめぐっていくつかの紛争、訴訟が起こった。ただ五木村地区だけでなく、水流の関係で当然、川辺川が合流する球磨川流域や河口に住む人たちも、ダム建設により流水に異変を生じ生活の権利が侵害される、という理由で、ダム反対の運動は球磨川下流域一帯にくりひろげられた。

そのような中で、建設者である国は、ダム建設予定地である五木村の中心ともいえる頭地集落及びその周辺の土地の収用を始めた。頭地集落の人々の住居、宅地、農地のほか役場や学校などの公的機関、墓地などがみな（ダム湖底に沈む）買収の対象となった。その対策として現在集落のある土地（川辺川の河川敷より六〇メートルほど高い）の背後、山麓の土地が宅地造成地として予定されていた。

このダム建設をめぐって五木村のみならず近隣市町村を含め賛否両論、その間、国は土地買収、基礎工事の準備を始めたが、平成二〇年、熊本県知事はこのダム工事の現行計画を白紙撤回すべき旨表明、さらに翌二一年に国土交通大臣が「川辺川ダム中止」を表明、とりあえず工事は中止。この、いわゆる「脱ダム宣言」はダム反対派だけでなく広く社会一般に受け入れられた。だが肝心の地元ではどうなのであろうかと思わざるをえなかった。

平成二二年九月初め、三〇数年ぶりにここ五木村頭地（ダム水没予定地）を訪れた。私が西南大教授であったころ、この五木村の山林の権利関係についての調査などでゼミナール学生と一緒に二、三回訪れたことがある。当時はダム建設計画が具体化し、村が揺れていた。その後、ダム反対運動の協力などで人吉までは数回来たことはあるが、五木村を訪れたことはなかった。

人吉から川辺川の清流に沿って頭地へと向かうと、何より道路が立派になっている。ダム本体建設は一部着工のまま放置されたような状態である。そこから五木村地内を遡ることしばし、少し谷が開けたところ、段丘の高台に近代的な住宅（伝統的な民家ではない）が立ち並んでいる。これは、もとの頭地集落で生活していたが、住居、宅地、農地まで国に買収され、ここに移住させられた人々の住宅である。バス停のある道路沿いに売店などが並び、そこと住宅との間の位置に村役場、森林組合、診療所などがすっきりした、あか抜けた形で並んでいる。

三〇年前にここを訪れたときの光景はよく覚えていないが、わずかに開けたところに農家が約三五〇戸、そして役場の近くにいくつかの商店が並んでいた。もとよりいま、その跡形もない。この道路の下の緑一面といいたいような雑草が生い繁っている、わずかの平地が、その土地である。いうまでもなく、この雑草地がダム建設による水没予定地であった。

五〇メートル高くなった新頭地集落と対岸とを結ぶ橋（頭地大橋）の架橋工事が中断されたままになっている。多くの人がやむなくここを立ち退いた中、ただ一人（一戸）尾方茂さんは動ずることなく先祖から受け継いだ土地を、生活を守り続けている。

ダム工事中止に対する肝心の地元の反応はどうなのか、村役場の担当者の話である。

「国も県もダム反対、中止と言われるけれども、村として推進とは言わないが、簡単に中止賛成と言うわけにはいかんのですよ。まず頭地大橋の架設、ダム工事に伴う水源そして農地整備事業など、これを途中で放り出すわけにはいかない」

それはその通りであろう。そして工事の中止によって職を失った人もいる。だがダムは中止、絶対推進すべきでない。秘境五木も秘境でなくなってきたが、渓谷美、森林美はいくつもある。それを活かしていくことは当然のことだろう。

ところで、水没予定地から高台の住宅に転居させられた人々は、国に買収された宅地、農地が水没されることなく緑地として残されているのを眼下に眺めて、どう思っているのだろうか。

「自分が生まれ育った土地を眺めて、何のために移ったのか、家の建て替えのために移ったようなものだ、できるなら元のところに戻りたい、と考えている人は少なくないようです。ただ現在の住居が格別悪いわけではなく、土地を買戻すことも大変だし、複雑な気持ちの人が少なくないようです」

水没中止によって村の真ん中にできた空き地をどう活用するか、村人にとって新たな課題だ。「みんな一緒に石ころを拾うて、一から始めたらよか」というのが土地を守り続けた尾方さんの談だそうである。

土地を守り続けた尾方さんのご自宅
（寺嶋悠さん提供）

約半年後、この川辺川ダム反対運動を一〇年近く協力応援してきた寺嶋悠さんは感慨新たに言う。

「ここは国からダム中止が発表される前に熊本県がダム反対を表明していたので、新たな生活基盤の整備は行われていましたし、表立って中止を喜ぶ声も多くはありません。今後、道路や橋など残されたダム関連工事が進んで、ダムなしの地域づくりが見えてくるのではないでしょうか」

それはそうであろう。だが水没予定地から立退いた人たちや、土地買収されて故郷を出ていった人の気持ちはどうなのだろうか、と私が尋ねると、

「それは私にも分かりません。いま言えることは五木村では新たな事業として森林資源を活用した林業と、自然と生活文化を活かした観光とに力を注いでいます。二年前、観光協会が村役場から独立して、専従の女性スタッフがトレッキングやガイド役に当たっており、私もそのお手伝いをしています」

それは結構なこと、大いに頑張っていただきたい。

中尾英俊（なかお・ひでとし）
1924年９月10日生まれ。1949年，九州大学法学部卒業。佐賀大学文理学部教授を経て1969年，西南学院大学法学部教授。1995年，停年退職。1997年，弁護士登録し，福岡市内の法律事務所に勤務。現在，西南学院大学名誉教授，中国吉林大学客員教授。法学博士。著書に『入会林野の法律問題』（勁草書房，1969年），『日本社会と法』（日本評論社，1994年），『アジア・ヨーロッパ歩き録』（勁草書房，1990年），『東アジア行く旅』（海鳥社，1999年），『村からのたより　入会・家族・生業——変わる村々の記録』（海鳥社，1999年），『入会権　その本質と現代的課題』（勁草書房，2009年）がある。
現住所＝福岡市中央区小笹３－19－５

平成《へいせい》日本《にほん》歩《ある》き録《ろく》
入会《いりあい》と環境保全《かんきょうほぜん》

■

2012年９月10日　第１刷発行

■

著　者　中尾英俊
発行者　西　俊明
発行所　有限会社海鳥社
〒810-0072　福岡市中央区長浜３丁目１番16号
電話092(771)0132　FAX092(771)2546
印刷・製本　モリモト印刷株式会社
ISBN978-4-87415-859-3
http://www.kaichosha-f.co.jp
［定価は表紙カバーに表示］